点亮一盏灯

照亮我们的人生

光明梦

旌德现代工业创始人许普澍纪事

旌德县政协文史委　组编

方光华　主编

点亮一盏灯

燃烧我们的梦想　点亮一盏灯　走到成功的彼岸

合肥工业大学出版社

图书在版编目(CIP)数据

光明梦:旌德现代工业创始人许普澍纪事/方光华主编. —合肥:合肥工业大学出版社,2017.5

ISBN 978－7－5650－3324－7

Ⅰ.①光…　Ⅱ.①方…　Ⅲ.①许普澍(1907-1984)—纪念文集
Ⅳ.①K825.38－53

中国版本图书馆 CIP 数据核字(2017)第 071852 号

光　明　梦
——旌德现代工业创始人许普澍纪事

方光华　主编		责任编辑　郭娟娟
出　版	合肥工业大学出版社	版　次　2017 年 5 月第 1 版
地　址	合肥市屯溪路 193 号	印　次　2017 年 6 月第 1 次印刷
邮　编	230009	开　本　710 毫米×1010 毫米　1/16
电　话	人文编辑部:0551－62903205	印　张　12.5
	市场营销部:0551－62903198	字　数　136 千字
网　址	www.hfutpress.com.cn	印　刷　安徽昶颉包装印务有限责任公司
E-mail	hfutpress@163.com	发　行　全国新华书店

ISBN 978－7－5650－3324－7　　　　　　定价: 36.00 元

如果有影响阅读的印装质量问题,请与出版社市场营销部联系调换。

序

侯 青

一个平凡的人，诞辰 110 年，还有人不时提起他，那他一定做过一些有意义的事。

一个长辈，离世三十余年，还让子孙经常念叨他，那他一定给后代留下了一个好的家风。

许普澍，一个八十余年前来到旌德拓荒的徽商，用五十年的光阴在这一片土地上创造光明、创造光荣。

20 世纪 30 年代初，内忧外患，环境艰险，青年许普澍怀着实业救国的理想，从歙县来到旌德，忍受地方恶势力和反动统治的刁难，先后创办起旌德第一个电气公司、第一个碾米厂、第一个丝绸加工厂、第一个卷烟加工厂，给旌德人民带来光明、实惠和时尚。毫不夸张地说，旌德现代企业的历史帷幕，是由许普澍开启的。

许普澍青年时代受早期共产党人王惕之（于岩）的影响，阅读进步书籍，接触了马列主义，在歙县布店工作时就投身店员工会活动。抗日战争时期，在旌德许普澍串联热血青年，积极参加抗日救亡活动，与吕一鹤、谭笑萍共同发起成立"旌德县战地服务团"，开展宣传工作；在光明公司设立"救亡书店"，推广进步书刊；通过地下党安排、动员青年参加新四军。皖南事变后，他设法积极营救被俘新四军战士。

新中国成立后，许普澍以极高的政治觉悟，主动申请公私合营，无偿捐赠所属企业；服从组织安排，在诸多岗位上做出贡献。在"四清"运动和"文革"浩劫中，许普澍始终坚信党的领导，坦然面对冲击，心态平和地在普通岗位上默默工作，直至光荣退休。

本书多层面、多角度再现了许普澍当年实业救国的追梦经历以及爱岗奉献的敬业精神。许普澍的子孙和与他相处过的同事们，用生动的笔墨描述了先生的音容笑貌、所历所为，读来生动、亲切、自然。

今天，县政协文史委编辑这本书的主旨，是想让许普澍的爱国爱民之心、创业干事之志、勤俭好学之行、诚实守信之品、扶危济困之善在旌德大地上继续发扬光大，在打造健康旌德的实践中春风化雨！

2017 年 3 月

（作者系旌德县政协副主席）

目　　录

序　侯　青／001

光明梦

　　——旌德现代工业创始人许普澍纪事　方光华／001

许普澍文存

新中国成立前旌德第一个现代工厂——光明公司／045

回忆抗战初期旌德救亡运动的几件事／054

旌德实验绸厂的变迁／059

纪念许普澍

许普澍小传／067

一生并不平凡　许婉华／071

从"父亲叫我去当兵"谈起　许尚武／090

身教重于言教　许坚卓／096

印象父亲　许坚定／103

我眼里的外公　汪谷震／107

怀念外公　汪啸洋／109

和爷爷一起生活的日子　许向农／116

记忆中的爷爷　许向东／119

心中的太公　尤　佳／124

蹉跎岁月情意浓　纪灶浒（口述）　吕能超（整理）／128

磨砺一生本色纯　曹石麟／132

忆普澍老　汪永定／135

许老先生印象　汪忠来／137

一个实业救国者的追求

　　——许普澍印象　方本耕／140

普澍宗台　小史点滴　许士煦／143

许普澍——旌德供电的先行者／145

许普澍——旌德机械化粮食加工的创始人／147

烟草史上的一个闪光点／149

一个有意义的人　方光华／150

不倦的奉献

　　——忆许普澍先生二三事　郑　式／154

旌德举办许普澍先生诞辰100周年纪念活动　方光华／157

许普澍之后

公私合营旌德裕民粮食加工厂诞生记　许坚卓／161

有关旌德建华烟厂"同盟牌"香烟的回忆　许尚武／163

捐献烟标再现抗战历史／165

抗战时期的"同盟牌"香烟

　　——安徽旌德建华烟厂追忆　李茂青／167

旌德烟标印四国国旗获世界纪录　见证抗日历史　纪在学／171

安徽旌德发现抗日组织章程　老人讲述抗日往事　纪在学／173

一份特殊的全民抗战记忆　何雅琼／176

一件安徽抗战文物的"力量"　冯　超／181

许普澍简明年谱／184

后　记／190

光　明　梦

——旌德现代工业创始人许普澍纪事

方光华

启蒙者

　　黄山南麓、歙县之西，徽州的中心腹地，坐落着一个历史悠久、风景如画的村落——唐模。

　　丰乐河水流淌于唐模的西南侧，胡村河流经唐模的东北侧，檀溪水由西而来，像一匹晶莹的丝绸在村庄两岸缓缓东流，智慧的先人让唐模有了诗意迭出的水街，有了风光迷人的水口。

　　唐模的水口园林以檀干园为中心，它的最东面入口是八角亭和亭亭如盖的槐荫树，光润的沙堤古道顺着溪水蜿蜒而上，不过百十步，抬头就会看到繁枝叶茂的樟树、橡树掩映之中宏伟壮观的"同胞翰林坊"。唐模这座"同胞翰林坊"建造于康熙二十五年（1686），为三间、三楼、四柱冲天式，纵高 16 米，横宽 9.6 米，青石雕刻精美无比。褒扬的是许承宣、许承家同胞兄弟，同朝进士，同在翰林。这是唐模许氏家族空前的荣耀，是徽州文化教育的骄傲。

唐模"同胞翰林"坊

唐模许氏始祖为许绍祖。承恩堂为许氏宗祠，骏惠堂、继善堂、尚义堂为许氏支祠。明清两代，尚义堂先后出举人 9 名、进士 5 名。清代康熙时期"同胞翰林"许承宣、许承家，光绪年间翰林许承尧都是出自许氏的精英。

许氏家族素来注重礼义树人，道德传家。处世以仁义为重，事亲以孝顺为先。"贾而好儒"的风尚影响着每一代的许氏后人。

光绪三十三年（1907）十二月，许普澍就出生在唐模这样一个许氏家族中。

　　许氏祖居"许立本堂"位于唐模村东水街，高阳桥附近的一条小巷内，是一栋三进三开间的徽派民居。

许立本堂

　　祖父许子儒在江西业商。父亲许锡藩，是一位睿智聪慧的新知人士，虽蛰居徽州山乡，同样受到"中学为体，西学为用"观念的影响，心系天下。从他写于清宣统三年（1909）的一张书以自励的小纸条和一沓用小楷写的学习西方法制理论知识的笔记，可见一斑。许锡藩年轻时继承祖业经商江西，家境殷实，娶清代进士王茂荫（1798—1865）嫡曾孙女王氏为妻。王茂荫是马克思《资本论》中提到的唯一中国人。这位早期货币理论家一生严以责己、宽以待人，遗言："我以书籍传子孙，胜过良田百万；我以德名留后人，胜过黄金万镒，自己不要什么，两袖清风足矣。"王氏家族就是以这样的家训，滋养后代子孙。许锡藩妻子温良贤淑，教养有素。许锡藩以后生意失利，收入短绌，英年早逝。其妻年轻孀居，心境郁闷，以至于精神恍惚，举止失常，于 1935 年去世。

许锡藩育有三子。长子许端伯，忠厚平庸；三子许泽之，目有残疾。排行老二的许普澍遗传了许家好学进取的秉性。

许氏先祖崇德尚义，最为突出的是明朝商人许奇泰。

明正统十四年（1449）七月，蒙古族瓦剌部落首领也先率军大肆南侵，明英宗朱祁镇轻信宦官王振主张，统帅 50 万大军御驾亲征，途中觉察瓦剌部队来势汹汹，便自行撤兵到土木堡（今河北怀来县土木镇）。就在土木堡，明朝军队大败，明英宗竟被敌军俘虏，引起朝廷一片恐慌。同年十月，瓦剌部队挟持英宗全力进犯北京。于谦指挥 22 万军队列队于京城九门之外，并且亲自镇守德胜门。当此北京保卫战的关键时刻，正在塞外经营茶叶生意的徽州唐模商人许奇泰，主动赶赴京城向部队捐助军饷，并且倡议徽籍商人踊跃资助，一时间，京城内外捐饷劳军十分活跃。于谦秘率镇守军斗志倍增，奋勇作战，终于击败敌军进攻，取得北京保卫战的胜利。第二年，瓦剌部落首领主动议和，并将明英宗送归北京。因深明"国家兴亡，匹夫有责"之大义，许奇泰于国难当头之际筹饷助军有功，遂被朝廷褒封为"尚义郎"，恩准他在自己家乡建造尚义坊和尚义堂。

除了许奇泰"心系国危，利义皆蓄"的尚义故事，许以仁、许以晟、许以诚等同门兄弟"一门孝义"的故事也是父母教育小普澍的好教材。

许以仁，"性孝友，笃义行"，宗族乡党中的许多义举都是他率先倡议，并且与家人带头施行。他在江右吴城、丰城经商之时，看到当地道路坍塌，于是主动出资，与好义者共同修理。乾隆十一年（1746），家乡发生饥荒，他带头捐输，平价粜粮，广施救济。

许以晟，"性好义"，和同堂兄弟购置"义田"百余亩，用以赡养宗族中无法借贷的贫困之家。在乾隆十六年（1751）的饥荒中，他亲自率领督促家人，平价粜粮赈济乡亲。他儿子许荫棣在父亲去世后，对年仅9岁的小弟"友爱备至"。遭遇歉收年头时，许荫棣便与兄弟赈恤邻里乡亲。他的孙子许宇劲，性笃孝，父亲死后，竟"哀毁骨立"。继母生病，他数月衣不解带，奉养50多年。

许以诚，母亲生病几个月，他衣不解带，尽心服侍。母亲病危，他"焚香吁天，愿以身代"，进而自割腿肉，熬药进奉母亲，母亲的病居然得以痊愈。他还和同堂兄弟购置"义田"，资助宗族孤男寡妇。子孙在其影响下，个个至性孝义。

乡贤的孝义故事，以及富商耗巨资造"小西湖"供母娱老的故事，就像一粒粒"善"的种子，种在了小普澍的心田里，一旦土壤气候适宜就会生根发芽。

1915年，8岁的许普澍入唐模敬崇小学读书，一直到1920年。当时学校有位老师叫方与严（1889—1968，新中国成立后任教育部初等教育司副司长，第三、第四届全国政协委员），是位追求真理、向往光明的热血男儿。虽家境贫寒，但从不贪恋不义之财。1910年创办槐塘小学时，曾因几千年封建意识的影响，人们只迷信读经书，不愿进他创办的小学，入学者寥寥，经济收入极为微薄，以致入不敷出。不得已，方与严只好将灵坑两间祖屋，作价55元廉售，用所得款项补贴学校开支。为创办伊坑小学，同当地地主豪绅斗争了数年。以后，辗转到唐模敬崇小学任教。在唐模，方与严采用新课本，倡导新学，与旧思想、旧教育方式艰苦斗争，并在师生中宣传进步思想。年幼的许普澍那些进步的火苗，无疑与方与严的启蒙有关。

父亲许锡藩的早逝，让生活本已困窘的许家更显艰难。哥哥老实平庸，弟弟残疾，聪明懂事的许普澍觉得自己得担起养家的重任。他和母亲商量，自己放弃学业，去城里当学徒。就这样，"前世不修，生在徽州，十三四岁，往外一丢"的历史在许普澍身上同样得到了印证。

1921 年 3 月，在同乡的引荐下，13 岁的许普澍来到歙县城里裕大布店当学徒。每天，他总是早早地起来开店门，打水抹柜台；一有闲空，不是读书，就是练习打算盘，一年半载就熟悉了布店业务，从练习生成为店员。当时布店里有位同事叫王惕之（后改名于岩，新中国成立后任辽宁省计委副主任、党组成员；辽宁省政府经济研究中心领导小组副组长等职，1985 年 3 月离休），思想进步，秘密阅读一些革命书籍。王惕之经常向比他略大的许普澍宣讲革命道理，并把进步书籍借给许普澍阅读，还带他参加一些进步活动。

1927 年 3 月，当萧劲光率领的北伐军一部进入歙县时，许普澍的小学老师方与严组织进步人士和群众欢迎，王惕之和许普澍都出现在欢迎队伍之中。在北伐军的影响下，歙县进步人士与黑暗势力的斗争相继展开，王惕之和许普澍参加了店员工会，开展劳资斗争。"四一二"事变后，许普澍遭受打击，被裕大布店解雇。

返乡期间，许普澍恰遇唐模小学在办学问题上出现的一场争论。他了解情况后，旗帜鲜明地支持女校长许淑玉，与村里的封建旧势力展开斗争。此事激怒了乡绅，他们唆使村人趁着黑夜，在许家大门口照壁墙上，乱涂乱画，诋毁污蔑，报复许普澍。

许普澍在裕大当店员时结识了问政山姑娘程漱霞，两人性情相投，通过自由恋爱结了婚。程漱霞的父亲曾在县衙做过文书，育有两子两女，程漱霞排行第二。程家长子程耐青在江苏泰兴商家帮工，次子程邦震于江西谋生，小女程漱英年幼。父母离世后，家中的事自然落在程漱霞身上。这样一来，两位年轻人得张罗许、程两个门户，操持两家人的营生。此后，年轻的许普澍夫妇，把照顾家庭关爱亲人，视为孝义的根本。

离开裕大之后的第二年，许普澍进入歙县城里的协大布店当店员。

随着年龄和见识的增长，许普澍已经不满足于店员生活。在读书思考的同时，渐渐萌生"实业救国"的想法，以求对社会有所贡献。他在民国二十年（1931）的"读书笔记"中写道：

回顾单零的身世和茫茫的前程，心中只有无限愤慨，同时举观国家社会黑漆漆阴森森，多么危迫。虽然事实告诉我们，人类的幸福自靠人类自己去找来的。

字里行间透露出许普澍寻求光明的初心。

实业梦

20世纪20年代，歙县城区工商业大致有粮食业、茶业、布业、卷烟业、墨业、杂货业、烟丝业、酱园业、盐业、板木业、纸业等。

1924年，徽城人鲍咏松等集资14000元，在歙县县城三脚牌坊建立竞新电气股份有限公司，购买35匹马力柴油机一台，发电机两部，轮流发电。新产业的兴起，打破了以往上千年的产业格局。

这一年，还是歙县人吴谱明、吴云岩集资在屯溪创立永明电灯公司，购买35匹马力的柴油机，20千瓦的交流发电机，安装在司门前武举巷发电。屯溪开始有电灯照明，商民咸称方便。20千瓦发电机每小时可发电20度，扣除电路阻力损耗，可安装20瓦电灯900多盏。

绩溪县、休宁县先后也有了电灯照明。

当最富近代文明色彩的电力工业出现在身边时，歙县的各业店主们都瞪起了闪着惊异和兴奋目光的眼睛。许普澍由此看到一条可以效仿的创业之路。

性格文静的许普澍将这件事在心里反反复复进行掂量，渐渐有了开办电气公司的设想。私下里他和协大布店的同事汪定邦商量，讨论投资的地方。汪定邦建议许普澍到自己的家乡旌德去试试，许普澍接受了这个建议。

主意既定，许普澍就开始为之付出努力。

虽说自己干了十年店员，一个月也就十来元，加上两个家庭的花销，积蓄并不多，但年轻的许普澍从阅读《社会科学大纲》《社会问题大纲》《社会进化史大纲》《资本主义的发展及其没落》等书籍中得到启发，觉得办现代企业募股是最好的筹资方式，于是四处奔走，求亲告友，游说建议，进而以初生牛犊不畏虎的勇气一面着手起草公司章程，一面公开邀股，筹集资金。

　　1931 年秋，在歙县招募认股以后，许普澍在合股人汪定邦的介绍下来到旌德筹备建厂，定名为"旌德光明电气股份有限公司"，寓意不言自明。

　　旌德县相对于歙县而言更加偏僻，对发电碾米等新生行业了解的人更为稀少。虽说有汪定邦的乡缘和人品影响，但热心的人还是很少。地方势力口头上表示支持，并没有实际动作。为协调人事关系，尊重地方势力，尽可能吸收地方上的头面人物和一些大店主资金入股，以便办厂顺利少生麻烦。然而，那些有头有脸的人大多持观望态度，认股并不积极，有的挂名不出钱。个别有权者名义上认股，实际上只是要干股，江养吾就是这样。尽管做了许多工作，到正式建厂，实收资金只有 8000 元，与计划相差一半。

　　光明公司章程拟定总资本 15000 元，分为 150 股，每股 100 元。成立董监事会，规定 5 股以上的股东，可以当选公司董事或监事。经理从股东中选举产生，负责全盘工作。股东会每年召开一次，决定重大问题和分配股息红利等。第一次董监事会上，许普澍被推选为经理，董事长为歙县人杨笠青，汪志祥、汪定邦等 5 人为董事，江养吾为监事。

　　那个时候，发电照明是社会公用事业，受官府保护专营。所有电厂都归南京国民政府建设委员会管理。制度烦琐，一关关过，十分不易。建厂得先登记核批，规定业务区域；要绘制线路简图，备文申报组织概要，以及主管人及技术员履历、照片、营业章程，收支概算，及其他例行报表。最后核定电价，发执照，准许开业。

　　光明公司选了黄济桥边徽水河西岸一块地方，紧临城墙。地址选好后，许普澍一面继续筹款，一面整地奠基盖房，从山上砍伐杉木栽杆等。这些基础工作，虽然繁忙艰苦，但进展还算顺利。接下来要购买机器设备，许普澍请了内行的朋友帮忙，到上海选购了德国名牌 24 马力柴油内燃机、发电机，花费 5300 元。另外，还买了电线材料、碾米设备、五金工具等，总共 10000 多元，已经超出全部入股资本。许普澍只好硬着头皮，找在上海的亲友借款，才将所需机器设备购到手。

问题一个接着一个来，机器运输怎么办？有问题总能找出解决的办法。

当时旌德既不通公路又没有水路，重达数千斤的机械怎么运到旌德？在上海的小旅馆中，许普澍和同伴们设想各种办法。最后商量的方案路线是：启运前将机器分解成零部件，然后装轮船溯长江而上到芜湖，再雇请木帆船从芜湖入青弋江至泾县赤滩，最后启用竹筏逆流而上到三溪起岸。

从上海到芜湖水路走得总算顺利，芜湖行船快到泾县赤滩时，突遇国民党兵拦船检查，说要扣船没收机器，船老板一听脸都变了色，急忙下跪求情，押运人员又是赔笑说好话又是送人情，总算过了盘查这一关。到了赤滩后又碰到新问题，大的零部件太重，竹筏运不了。于是，只好兵分两路，一部分机件用竹筏运，重的零件雇人抬。赤滩到旌德 120 里，水路是逆水行筏，山路是崎岖颠簸，最重的部件是大飞轮，600 多斤，得 8～10 人抬，那样的艰苦真是让人难以想象。

机器运到旌德后，还得请技术员安装。许普澍通过熟人介绍，找到芜湖同心机器厂一位师傅，那位师傅也姓许。谈妥以后订合同，每月付安装费 100 元，由他派人到旌德安装。芜湖来的是明远电厂的吴竞夫师傅和浙江籍的 4 名技工，这 5 个人和许普澍等共事相处后，双方取得信任，建立了感情，最后接受了许普澍的聘请，留了下来。机械安装完毕已经入冬，那年冬天雨雪特别多，工人还是干劲十足，建房架线。终于在 1932 年农历二月初一的夜晚成功发电，全城一片光明，轰动了古老的旌德山城。

总投资 13000 多元的光明公司，终于在旌德落地生根了。

其实，这是一桩叫好不叫座的事。

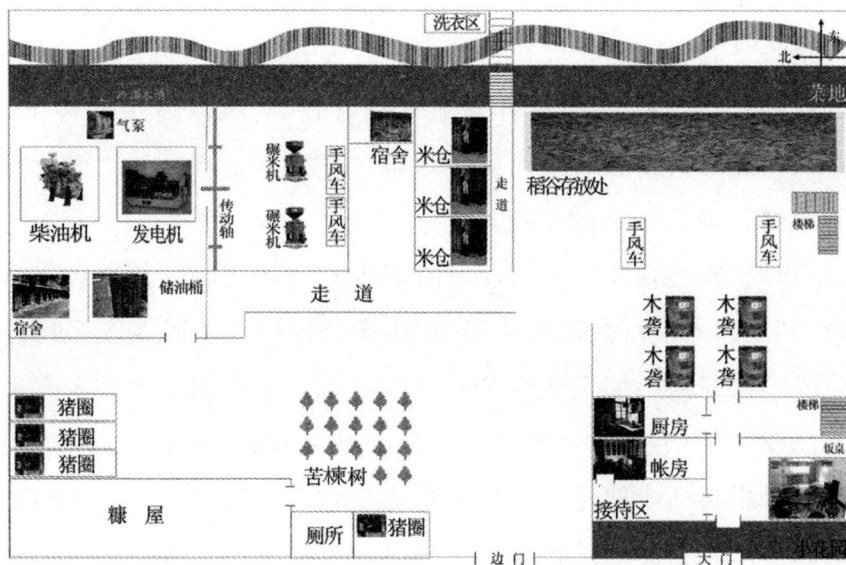

新中国成立初期光明公司平面布置图（根据许坚卓先生回忆绘制）

当时旌德全县人口仅 56000 人，县城人口仅 2000 多。光明电气公司开业安装电灯，居民加单位、店铺总共装了 300 余盏，商店一般一两盏。最多的安 5 盏，只有十来家。电费按盏计收，每盏每月（16 瓦）一元五角。为鼓励多用电，凡用灯 5 盏即赠送 1 盏，相当于降低电价 17%；用大灯泡按比例加价。月底登门收取，月收电费 400 多元。拖欠电费 3 个月以上者，就停电追偿欠费。1933 年，光明公司用户量又有减少，官民要求降低电费，每盏减至一元二角，月收电费仅 300 余元，亏损明显，股东自然没有分红。

面对这样一种经营状况，少数股东难免有意见。身为经理的许普澍更是寝食难安，他在找寻发挥设备效能的途径。

旌德虽然是山区县，但山间田畈交错，有田十五六万亩，相对于五万来人而言，是地广人稀。农民吃的是米，用的也是米。相对缺粮多的徽州府，旌德自然是一处粮仓所在。1931 年，旌德各地修建积谷仓，到 1934 年全县有积谷仓 79 所，储谷 2940 吨。这些稻谷除青黄不接时应市外，还能外售绩溪、歙县。"徽州粮仓"之名，或许就来源于此。

当时，旌德农民加工粮食习惯用水碓和木砻制米，全县有水碓 60 多处，大碓每昼夜可加工 1000 多公斤粮食。碓主大多持证营业或出租经营，加工费按 5%～7% 收取。许普澍觉得扩大碾米业务，或许是增加公司收入的一个办法。农民运输粮食除了肩挑，就得用骡马或独轮车，长途贩运城区集中加工显然不现实，碾米加工只能立足于县城附近的农户。

在上海购买机器设备时，朋友建议柴油机晚上发电照明，白天可以加工碾米。许普澍在碾米加工业务上，经营灵活，采取加工稻米和卖米相结合。针对积谷丰富的粮号和地主富农，还上门宣传，既可以为他们加工稻谷，也可以收购他们的原粮。许普澍利用机器碾米产量高、质量好的优势，在加工稻米出售上渐渐打开了局面，不仅弥补了发电亏损，还稍有盈余。

好景不长。

1934 年，旌德大旱。春、夏、秋连旱，河干溪涸，人畜饮水困难。禾苗全死，竹木亦枯，树皮草根都被食尽，百年未遇。全县受灾田 115000 亩，稻麦损失 193000 石，灾民达 30000 多人。

在那个干旱年头，水碓只能是摆设。光明公司的碾米机倒是发挥了作用，米店和囤粮大户纷纷把稻子砻成糙米，再送来加工碾白，一时顾客盈门。这样的生意仅仅热闹了一时，因为秋粮绝收，普通百姓早已断粮。灾后的旌德，市场萧条，电灯用户大幅锐减。许普澍审时度势，觉得光明公司只有等来年秋收之后，才会有转机的可能。公司只能留少数人守摊，其余的员工只能另谋生路。

屋漏偏逢斜风雨。

电灯公司临时停业后，在旌德就任的新桂系县长萧大镛，却打起了公司的主意：一方面派员坐厂催逼许普澍，要求马上恢复电灯照明，并提出"租用"碾米设备加工公粮；一方面派心腹去张渚、梅渚购买电器材料。许普澍并没有屈服于权势之压，软拖兼硬顶。最终，因为柴油问题无法解决，萧大镛的阴谋才没有得逞。

许普澍与员工磋商，最后决定安排两三名老工人留守护厂。

1935 年春，许普澍得知含山县运漕镇圆明电灯公司，是徽州同乡建的，经营相当困难。许普澍专程赶到运漕，同圆明公司商议合作经营，双方一拍即合。于是，他立马回旌德带着一批工人到含山县圆明电灯公司，一是解决工人上半年生活问题；二是帮老乡经营。可谓一举两得。

秋收以后，旌德收成已有好转。

许普澍先赶回旌德筹备复业，接着汪旭如、吴竞夫等人也回到光明公司。机械再度运转，供电碾米全部恢复。有了和圆明公司同舟共济的经历，以后两家企业亲如兄弟，互相帮衬，直到1938年春，运漕沦陷。

光明公司曾经和萧大铺过过招，那是老天暗中相助，终逃一劫。恢复生产后，继任县长陈晓钟同样看中了光明公司，气势更是咄咄逼人，明知公司电机损坏，无法运转，却强行要求立即发电。威逼不成，老羞成怒的陈晓钟，蛮横出招，命令电话局派出四五名线工，将光明公司架设在街道上的五六十根线杆上的输电铜线，全部拆除，分解做了电话线。

许普澍没有被强势所压倒，带领工人将毁坏的电力线路一一恢复。时隔不久，险情又出。当时省会迁至金寨，缺少电线，派人到皖南搜罗。他们在南陵掠了一批后，到旌德时赶巧光明公司停电维修，正准备动手拆除时被发现。许普澍请商会主席方绍清出面帮忙协商，好说歹说，最后让光明电灯公司出款1000元，对方才放弃行动。

抗日战争爆发后，机电材料无法采购，柴油存储枯竭，光明公司发电勉强维持到1941年，只好报准停业。

战乱中，外面物资运不进来，物价上涨，旌德本地农副土特产品运不出去，价格暴跌，民不聊生。许普澍大声疾呼，呼吁政府："严禁奸商垄断居奇，投机操纵，实施物品平价制度。"光明公司粮食加工中，原先开展的以稻换米业务，始终按100斤稻谷换70斤米的方式保持稳定。

许普澍信守许氏家族孝义的家训，虽然企业不景气，但绝不发国难之财。

　　因军公粮征调，旌德民间积谷日少，加上战时军粮只供应糙米，光明公司碾米业务一蹶不振，连带着员工遭殃。素来视员工为兄弟姐妹的许普澍，总想着"大家庭"的糊口，又动起了脑筋。

　　当时，旌德县城不少店主经营蚕丝，许普澍觉得蚕茧缫丝织绸应该是条自救的出路。

　　旌德宋代初年就"植桑饲蚕"。元代县尹王祯在旌德著《农书》时就总结了农民栽桑养蚕的经验。清末民初，蚕桑发展为旌德农村的主要副业，当时就流传有这样的谚语："养得一季蚕，抵上半年粮"，"长耕田，短养蚕，四十八天得现钱"。民国二十年（1931），县长陈立本把蚕桑作为重要产业列入本县经济发展规划。

　　旌德蚕茧，主要流向盛产绸缎的杭州、嘉兴、湖州。抗日战争爆发第二年，杭嘉湖地区成了沦陷区。战乱中生丝没有销路，这自然影响江南农家主要家庭副业——养蚕，旌德农村同在其列。

　　许普澍的想法，和经营蚕茧收购的店主们倒是不谋而合。于是许普澍、章济川（协成昌号经理，县商会主席）、汪志祥（汪金有号店主）、吕佐尧（德裕号店主），四个人商定每人投资500元，合计2000元，作为建厂基金，不另征集外股。原料蚕丝，以三家店库存生丝为原料，土法上马，开办木机织绸，供应三家店铺自行销售。

　　一入秋，股款就集齐了。因许普澍有办厂经验，三人一致推举他负责筹建工厂，崇尚实业的许普澍没有推辞。办绸厂在旌德是新兴事业，故取名"旌德县实验绸厂"，厂址选在城里营坎上程氏宗祠内。

厂址已定，接下来自然是购设备招工人。

许普澍是商人出身，十分清楚设备和工人都得到丝绸原产地浙江去找。当时日军还未越过钱塘江，浙江华舍与旌德丝商来往频繁，于是派人去那里购买手拉织绸机，招聘熟练工人。

华舍古镇，居民以织绸为生，机坊织户集中，杭州沦陷后，织户困难重重，购机招工都不难。去的人第一次与工人见面时，对方提出须保证几年不辞工。办事的人不敢答复，只好回来商量。意见统一后，再次派人去，买了1架织素绸机、4架织花绸机及配件加染色颜料，招聘了6名工人，人机水陆兼程同时运往旌德。到宁国河沥溪时，不慎将一教堂的围墙撞倒，许普澍找到在宁国盐业部门做事的唐模老乡，千方百计斡旋调解，对方才允许他们把机器运走。

设备安装好后，许普澍了解到股东汪志祥的岳母和家属凌淑娟会络丝，于是上门动员做她们的工作，请她们出来教女工络丝织绸。

1938年冬，实验绸厂生产出第一批花绸、素绸，很快在三个店主的柜台上应市。

旌德织绸史，在许普澍手里开篇。许普澍也就成了旌德纺织工业的第一人。

头绪刚清，生产正顺，不利因素紧随而来，让人措手不及。

1939年秋，日本人采取"以战养战"的经济策略，大量吸收内地战略物资，并抛出一批多余工业品进行交换。蚕丝同样成了日本兵的紧俏货，原本滞销的市场即刻活跃起来，大小商人通过各种渠道与沦陷区进行交易，旌德生丝库存量大大减少。章济川、汪志祥、吕佐尧三个股东见钱眼开，各打小算盘，违背初衷，都不肯多拿原料供应绸厂。原本资金有限、技术设备弱、品种不多的绸厂，更是雪上加霜。加上工厂管理粗糙，成本不低，两头在外，产品无法与日本货及杭嘉湖地区抗衡。

实验绸厂的矛盾和困难，早就被国民党县党部执行委员、皖南行署建设科主办工商科员的江植之所掌握。江植之一直在打绸厂的主意，苦于没有机会。股东心散，使江植之有机可乘。1939年底，江植之终于闻风而动，分别找到许普澍、章济川、汪志祥、吕佐尧谈接盘的想法。本来就不愿继续合作的章、汪、吕三人，看到有人想收购，就想打退堂鼓。勉强维持到1940年下半年，绸厂最终停产歇业。

江植之利用同乡行署水利处长江世辉、行署秘书江养吾的关系，打出发展家乡实业的招牌，携款10000元来投资。经双方反复协商，最终达成协议，估算全部生产设备折价1000元，于1940年秋兑款交割，将实验绸厂转建为皖南行署主办的示范绸厂。江植之当了厂长，如了心愿。

许普澍的绸厂梦虽然破灭了，但他的实业梦还在继续。

生活朴素的许普澍，习惯于在思考问题时点上一支香烟抽上几口，抽到三分之一时将香烟熄灭下次接着抽。他对香烟需求量很小，但在困难的时候，就是这很小的量，有时候也难以满足。香烟紧缺这细小的现象，再次触发许普澍的经商灵感。

因为战争的原因，交通受阻，市场上香烟紧缺，但旌德农民自种的烟叶卖不出去。许普澍想利用光明公司的厂房筹办烟厂，一方面可以让工人们有口饭吃，另一方面也能解决种烟者的燃眉之急。

　　他先是到沦陷区招募技术人员，请师傅制造木质土卷烟机，接着四处购卷烟纸，并设法买进法国产香精（当年存下的 100 毫升左右香精，许普澍后人捐赠给了安徽省博物院）等材料。几经周折，终于在 1941 年秋建成旌德建华烟厂。烟厂的几十台木制卷烟机被安放在光明公司楼上，楼下后场辟为原料配制车间。除了留守的光明公司工人，烟厂还招进来自江北沦陷区的难民和歙县老家的乡友。平时有 30 多人，高峰时六七十人。生产分原料、卷制、分切、检验、包装等工序。许普澍和师傅一道检验收来的烟叶，分类、分级选烟叶。选料、配料、喷香料，都是许普澍每天清晨的工作。产品有的添加配料、加工、上榨制成黄烟丝直接销售；有的配料加工切成香烟丝，供手工卷烟机卷成香烟。

制烟香料

建华烟厂生产出第一批纸卷香烟时，许普澍早就想好两个寄寓自己理想的商标：一个是"建国"，一个是"同盟"。

随着加工水平的不断提高，"建国""同盟"牌香烟博得了消费者青睐，行销旌德县城四乡及临近城镇。烟厂历时四年，一直持续到1945年抗战胜利。

烟厂总算给光明公司带来了一些生机。至于碾米业务只是时断时续，每当采购到松节油时，就代替柴油开机碾米，油尽机停。就这样反反复复，维持到抗战结束。

许普澍和所有中国人一样，原以为抗战胜利了，政治前途和经济形势都会走向光明。

形势的逆转，是普通人所预料不到的。

1946年春，蒋介石发动全面内战，经济濒于崩溃，物价一日三涨。许普澍的光明公司依然无法让旌德百姓重见电灯之光，碾米业务同样奄奄一息，只能保留一二人。光明公司员工只好各谋生路。

许普澍"实业救国"之梦，成了水中月、镜中花。

救亡梦

许普澍幼年的进步思想，得益于小学老师方与严。到歙县县城当店员后，通过和同事王惕之（于岩）的交往，使他积极寻读社会进步书籍，踊跃参加社会进步活动。

许普澍民国二十年（1931）写的"读书笔记"中有这样一段话：

回顾单零的身世和茫茫的前程，面对漆黑阴森的社会，幸福要靠去找来，这就需要学问。知识恐慌的我，从何处寻找呢？幸亏得到好友王惕之的指导……

毫无疑问，王惕之是使他走向进步道路的引路人。

经王惕之推荐，年轻的许普澍已经开始阅读高希圣、郭真的《社会科学大纲》《社会问题大纲》，陆一远的《社会进化史大纲》，朱新繁编的《资本主义的发展及其没落》等书籍，并写下一大沓读书笔记。许普澍想从书本中寻求社会进步的路径和方法。我想在当时的背景中，许普澍找到的就是他后来实践的"实业救国"之梦。以后，许普澍通过阅读《国家与革命》《反杜林论》《辩证唯物主义与历史唯物主义》等马列著作，对中国共产党充满无限信心。

许普澍阅读的书籍

1937 年卢沟桥事变后，战火蔓延到东南沿海，南京、芜湖相继沦陷，皖南岌岌可危。旌德山区顿时成了流亡通道和避难所。

许普澍虽然在办光明公司，表面只是一名商人，骨子里却是一名关心国家前途命运的血性青年，目睹时艰，痛心疾首，只恨报国无门。

当时许普澍和吕一鹤、汪志祥、方植等进步青年，经常聚在一起，每次谈话的主要主题总是如何献出自己的一份力，为垂危的祖国效劳。

吕一鹤，又名云鹤，是这几个青年人的小领袖。他建议大家到民间去，到农村去做宣传工作，宣传国共两党再度合作共同抗日，动员群众抗战救国。为了安定人心，壮大声势，他们自发地在城区和城郊村镇，刷写"救亡图存，抗战必胜，建国必成"的大幅标语，末尾赫然署名"旌德县救亡宣传队"。

1937 年冬天，吕一鹤、许普澍、汪志祥、方植等启程去旌德西乡进行抗日宣传活动。他们跑了 70 里路，到达吕一鹤的家乡——洪川（下洪溪）。吕一鹤开杂货铺的堂哥热情接待了他们。当晚，他们在吕家集合了七八个人，举行座谈，大家响应热烈。第二天，四人去了白地小学，进步青年谭笑萍出面召集，有教师、学生、当地青年，宣传动员后，群众情绪高昂。随后，四人经庙首去三溪，仍然以学校为中心开展宣传。三溪小学校长王同年主持召开了座谈会，当场召集进步青年数十人，拟定筹备建立"旌德县抗敌救援会"。当即着手订章程、议纲领、定措施、制规划。

吕一鹤、许普澍等四人连夜赶回县城，向县长张靖六进言：要求按照全国人民意愿批准他们成立合法的人民组织，并给予支持。几个年轻人，晓以大义，动之以情，软中带硬。最后，张靖六提出批准的条件有两条：第一条名称改为"旌德县战地服务团"；第二条由县政府秘书杨德年为团长。

"旌德县战地服务团"就这样成立起来了。吕一鹤为副团长，团址设在县教育局（今旌阳一小）。服务团下设宣传、组训、青、工、妇等小组，许普澍负责宣传工作。县政府下拨了少量活动经费。

从 1937 年秋到 1938 年夏，吕一鹤、许普澍他们就待在服务团义务上班，经费不够时，还从腰包里拿出来添补，有时也向社会劝募。

2015 年是中国人民抗日战争胜利 70 周年，在安徽省博物院举办的"皖江洪流——安徽军民抗战史实展"第三部分"安徽全民抗战"中有一张纸质文献——《旌德县旌阳镇青年抗敌协会章程草案》就是许普澍起草的手稿原件，章程草案分为总则、组织、职权、集合、经费共五章二十条，规定了协会性质、组织机构、入会条件等，从该文物中可以看到许普澍作为热血青年抗敌的坚强斗志。

抗战光有热情远远不够，还要有武装。

服务团又出面做县自卫团团长陈志达的工作，他答应拨 50 支步枪给服务团，训练青年两个月，以便一旦敌寇临境，能挥戈上阵，保卫家乡。

吕一鹤是位实干家，带着战地服务团的同志跑遍了旌德四乡。他有胆有识，善于组织群众，说话感染力强。他经常住在三溪镇，利用士绅汤幼庵，成立"救亡剧团"，办救亡图书室，成立农抗会、妇抗会、青抗会、儿童团等。在吕一鹤的倡导下，四乡的教师、青年、学生以及流亡在旌德的南京、芜湖等地的学生，组成多个剧团，相互竞赛，在城乡流动演出，用街头剧、话剧等形式，有效发挥宣传鼓动作用。

旌德早期共产党员下洋人谭笑萍，在西乡白地、江村、庙首利用自己的影响，积极协同吕一鹤、许普澍开展抗日救亡活动。1938 年春，谭笑萍带着一班高年级学生徒步 60 里来到县城，宣传演讲，唱歌演戏，以行动声援服务团。吕一鹤、许普澍等在光明公司接待他们，并举行了联欢会。

一时间，光明公司成了热血青年的活动中心。

旌德山城信息闭塞，许普澍和公司里一位电工师傅想方设法拼装了一台无线电收音机，从时断时续微弱的电波里，将搜索到的抗敌讯息及时向外传播，鼓舞士气。

为更广泛地宣传抗日，解决偏僻山城精神食粮缺乏的问题，1937 年秋，许普澍还让进步青年许介人、胞弟许泽之在光明电灯公司开了一爿"救亡书店"。书店开业时，石印大幅广告，广告设计出这样的文字："主张和希望——在这敌骑纵横，全民抗战的时候……抱着不赚钱的目的……供应一切救亡书报，唤起同胞，同仇敌忾，抗战建国"等，在四乡张贴。书店通过各种渠道从金华、汉口、桂林购进一批进步书刊，并派销《新华日报》（汉口版、重庆版）、新四军《挺进报》，受到旌德进步青年和群众的欢迎。

1938 年秋，国民党政府提出民间抗日组织需一律改组为"动员委员会"，由他们安排人事，目的就是排挤进步人士。吕一鹤当即拂袖而去，在三溪住了一段时间后，去了泾县云岭新四军总部教导团学习。

新四军教导团如磁吸铁，因公司和家庭的原因，许普澍无法亲身前往，但鼓励协助王冰、江守默、谭浩、吕炯、汤太元以及当年从运槽流亡来的公司练习生张鸿九等进步青年到云岭参加新四军。

这个时候，许普澍一定也是热血沸腾。我想，假如他没有拖儿带女，没有肩负许程两家的家庭重担，没有那么多工人的生计要维持，他很可能会和吕一鹤们一样从军报国。以后鼓励长子许尚武参军就是印证。

忠孝难以两全。

许普澍默默地离开服务团，回到奄奄一息的光明电灯公司重操旧业，暗地里与共产党组织继续保持联系。做出这样的抉择，他内心一定经历了激烈而痛苦的思想斗争。

服务团其他骨干分子，眼看无事可为，陆续散去。汪志祥和吕佐尧是城里两大店铺——"汪金有"和"德裕"的小老板，听从县政府安排去屯溪受训，几个月后回来，双双当上了旌阳镇的正副镇长。方植回十五都自谋营生了。

吕一鹤一走，虽然群龙无首，但旌德城乡群众抗日救亡的热情依然如火如荼。

"救亡书店"在旌德城乡影响一直在持续，各地军民抗日的消息不时会随着《新华日报》的到来而迅速传播。这些举动越来越引起当局的警觉，县政府曾两次派人查抄革命书刊，并传讯经营人许介人、许泽之。1939 年，救亡书店遭到国民党县政府强行查封。光明公司大门院墙上也被写上"纠正纷歧错杂思想"八个大字，以示警告。

当局心知肚明，"救亡书店"经营人是许介人、许泽之，其实是许普澍开的。书店查封后，肃反专员余慕先当即传押了许普澍，因无法找到证据和口供，加上熟人奔波求助，最后才让许普澍取保释放。

书店被查封后，许普澍还暗中支持许泽之、光明公司练习生张鸿九（锡畴）经常去云岭，给新四军送书刊文具。

1942 年至 1943 年，抗战艰难时期，许普澍开办了旌德建华烟厂生产"建国牌""同盟牌"香烟，同时巧妙地利用"同盟牌"烟标，宣传抗日救国主张。烟标的一面中间是英文大写字母ABCD，两边印有"吸同盟牌香烟，祝同盟国胜利"的抗日口号；另一面中间为菱形，印有"中、美、英、苏"四个汉字，分别压在四个同盟国的国旗上。可见，"同盟牌"取四国同盟之意。

"抗日救亡"，既要有战场上的冲锋陷阵，同样少不了后方坚强有力的支持。

1941 年 1 月 6 日，发生了震惊中外的"皖南事变"。

旌德距泾县云岭新四军驻地仅百余华里。"皖南事变"时国民党调遣大军向新四军大举进攻，旌德是必经之地。事变发生后，被俘的新四军战士同样路过旌德押往江西上饶。

许普澍长子许尚武有段回忆文字，记录了自己的所见所闻：

我念小学时，家住旌德县城，北门徽州同乡会，是一个小三进的屋子，前、中进都有小天井，当时住了好几户人家。屋子里还住了从江北日占区逃难来的人。我家住在堂前西侧的一间房间里，一张大床，一家人住，厨房是几家共用。

寒假的一个下午，我到城外父亲开办的光明公司去玩。一出下东门，就看见许多新来的军人。不像看城门的那些兵，穿的服装、拿的家伙都不一样。我沿着城墙根来到公司，门口也站了好多军人，前厅、砻稻场、碾米场到处都住的是在山城没有见过的军人，他们清一色的草黄军装，胸前佩戴标识，个个戴钢盔很神气。我走到晒谷场的院子里，看见还有几门炮，许多马，士兵在喂马料，到处都是马粪，乱哄哄的。我就回到城里问母亲，母亲不跟我讲，说："小孩子不要问这些事情。"第二天，住在公司的这些军队就向北门三溪方向开走了。

好几天见不到父亲，我又不敢问父亲到哪里去了。那时，母亲很紧张，早早吃完晚饭，熄灭煤油灯，抱着我上床睡觉。有时，半夜坐起来，跟我说："你听见没有，在打炮"，我也莫名其妙地紧张起来。

一天晚上，天黑以后母亲带我从小学后面城墙下排水沟洞钻出去（那是城门关了以后，我家到城门外公司去的一条经常走的暗道）。母亲叫开门，就到公司的机器房边上点着马灯，她一趟一趟地把书和报纸都藏到屋檐下的夹墙中。我很想知道是些什么东西这么重要，虽然念小学，但还没认识几个字，不知道是些什么。收拾完这些东西，她又带着我摸黑钻城墙排水洞回到城里。后来我才知道，母亲暗地收藏的是父亲早年阅读的进步书报。这些藏在夹墙中的书报，新中国成立后，也是母亲带着我从夹墙中取出来，那时我念初三了，看到《苏共党史》《共产党宣言》《论持久战》《新民主主义论》《西行漫记》《续西行漫记》《抗敌报》《挺进报》《新华日报》等一大批书刊。

几天过后的一个下午，我在公司机器房玩手摇砂轮机，听大人说，门口在过兵，我就好奇地钻到门口来看，看见穿正规军服装的人端着枪，押着一些人，他们手被捆着，前后又用绳子将手臂一个连一个捆在一起。他们穿的衣服破烂，有的打着绷带，上面还有血，有的拐着腿，大人说那是新四军。我看了有些害怕，就钻到大人的屁股后头，但又很好奇地看。那是沿着城墙外的青石板路从北门方向开来，向下东门方向开去，从下午一直到快天黑。大人们在议论：芜湖、繁昌、南陵还被日本占领着，从前线捆这么多自己人来干什么？

第二天，我在北门城里同乡会家中，午饭后没多久，两个国民党军人，戴着大檐帽，扎着武装带，腰间别有手枪，带着一个穿灰色破服装、一只手被绳子捆着、没有戴帽子的人来到我家。一进门，那个人就用纯正的徽州话叫我母亲"普澍嫂"。我母亲一看来人是王惕之，是父亲最亲密的朋友，感到非常惊慌，不知所措。接着那人又用徽州话说："有没有吃的东西，我肚子很饿。"母亲不敢多问，她心知肚明，这时候她唯一能做的是将家里能吃的、好吃的东西赶紧端上来，让他饱餐一顿，母亲用叉子把吊在梁上的淘箕取下来，打开盖的布，把锅巴放到一只蓝边碗里，倒上麻油，冲上开水，拿了筷子，递到被捆的人手里。他坐在桌边狼吞虎咽地吃起来，母亲又从厨子里拿了一些剩菜。押着他的两个国民党军官就坐在他的边上。母亲急忙倒茶、递烟，按徽州人的习惯，拿糕点招待两个军官。同屋住的其他人家都躲到房间里不敢出来。那个被捆的新四军一面吃一面讲："两天没有吃东西了"，吃完又添了一碗锅巴。

为了能让他路上少受点折磨，吃饭的时候，母亲到房间拿了几块"袁大头"和"哈德门"香烟塞到两个国民党军官的手里，并说"请多关照，请多关照"。走时，那位新四军又用徽州话说："多谢，普澍嫂。"我站在门口看到捆绑他的绳子松了许多。

后来，我才知道那个被捆的新四军叫于岩，是新四军教导队的指导员，从旌德押运去江西的第二天，在绩溪大源跑了。新中国成立后是沈阳市第一任经委主任。

不仅是许普澍本人，他的家人同样默默地为"抗日救亡"付出了努力。

1939年去新四军教导团的张鸿九（张锡畴），皖南事变突围时，取道泾旌交界春岭到旌德，在汤村附近遇熟人土仂，遭到暗算，被朱旺乡公所拘捕。许普澍听到消息后，赶去营救，张鸿九已被当作要犯解送到旌德县城监狱。后来移送上饶集中营，曾多次来信，许普澍曾寄去衣服、鞋袜等。日军进犯上饶，集中营转移途中，张鸿九在福建赤石暴动中不幸牺牲。许普澍在新中国成立后读《上饶集中营》一书时才知详情，当时曾写信到《解放日报》《新华日报》查询，后得到民政局可靠消息，说张已牺牲。

以后的日子，许普澍这些"亲共通共"的事情终于被国民党县政府所掌握。他们联系许普澍一贯参加进步活动，加之不为国民党县政府加工公粮，当局终于找到机会准备下手抓捕，幸亏有人暗中报信。许普澍连夜逃离旌德，隐藏在歙县渔梁附近一个小村里的远房亲戚家，躲了一个多月；风声过后，才敢露面，但不能在旌德立足。

1946年，许普澍在宣城西河开设大丰米厂，以后又在宁国河沥溪碾米加工，辗转宣城、宁国两地直至旌德解放。

光明梦

许普澍年轻时敢于创业，勇于创业，克服困难，在事业上创办了旌德光明电气股份有限公司，发电照明，为旌德人民带来了光明；许普澍年轻时接受进步思想，阅读了大量的进步书籍，抗日战争时期，积极参加抗日救亡活动，开设"救亡书店"，给新四军送文具物资，继续与新四军保持联系，黑暗终于过去。

1949 年 4 月 24 日，中共绩溪工委书记叶维章与徽州地委吴文瑞各率一连部队，会师旌德，接收国民党保五旅驻旌第 15 团起义，解放了旌德县。

许普澍辗转他乡的历史终于结束了，这年夏天回到了旌德县。

旌德解放了，许普澍和光明公司获得了新生。

1949 年 10 月 19 日，旌德县首届各界人民代表会议召开，许普澍被推选为人民代表（以后两次当选）；参与商讨生产自救、减租减息、建立各种群团组织等事项；并担任旌德县生产救灾委员会委员兼秘书，满腔热情参与社会公益事业。天灾人祸使旌德人民生活困难重重，光明公司门口成天都有难民、灾民，许普澍整天忙于募捐、赈济的工作，起早贪黑，足不离地，一身好像有使不完的劲，很少有时间坐下来和家人一起吃顿饭，许夫人总是把留给他的饭菜放在铁锅的饭上保温。

许普澍对难民同胞充满同情之心，总是伸出温暖之手。宣城解放时，碰上一位四川籍的国民党马夫，因战争无家可归，许普澍知道后，将他带回旌德，想方设法帮他谋生，直到这位外乡人去世。

许普澍对新生的共和国无比热爱，不仅全身心投入社会主义建设事业，还教育子女要报效祖国。

1950 年朝鲜战争爆发，当时许普澍长子许尚武才 15 岁，刚考入芜湖内思高等工业职业学校。身为共青团员的许尚武参加了芜湖团市委组织的学生反美活动，随后国家号召青年学生报名参军抗美援朝。许尚武有心响应，还有些犹豫，写信告诉父亲。许普澍接到儿子的来信后，接着写了好几封信，要尚武在大敌当前、国家危难的时候，放弃学业，报名参军。在许普澍的教诲下，许尚武写了决心书报名参军，并将父亲的信交到芜湖团市委。许尚武到部队以后，许普澍又多次写信，要求儿子不要怕吃苦，要经受锻炼。

战争年代许普澍给长子取名"尚武"，或许就寄托了自己埋在心底的愿望，现在儿子勇敢地接受祖国挑选参加抗美援朝。某种意义上说，是另一种"代父从军"吧。

1950 年 10 月，许普澍担任旌德县水利委员会副主任，参加了三溪官坝的建设。

新中国成立初期，光明公司为中粮公司和旌德县人民政府财粮科加工粮食，经济困难解除了，员工们精神面貌焕然一新。公司新购了榨油设备，在旌德首创机器榨油，榨的米糠油和棉籽油作为工业原料向外销售。

1951 年，国家还没有开始实行公私合营政策，许普澍就多次主动提出申请，请求公私合营，这一新生事物，没有模式、经验可以借鉴，许普澍和县人民政府经过多次协商，最后议定，采取租赁形式合资经营。每年由政府付给厂方租金 1000 元（抵充折旧费），私方筹集资金 10000 元，政府投资 5000 元，分利方式采取"四马分肥"。要拿出这么一大笔资金困难重重，光明公司仅有 2000 元。为取信于人民政府，许普澍四处奔波，从县工商联和石士彦那里解决了一部分；无法可想时，又让夫人程漱霞卖掉辛辛苦苦养的十几头猪，还动用了大女儿许婉华的陪嫁，才勉强凑足了股本。

1951年10月，光明公司完成新建制，成立旌德县第一家公私合营企业——"裕民粮食加工厂"，许普澍担任副厂长。裕民粮食加工厂，同时还是全国首家公私合营企业。在开展粮食加工业务的同时，着手恢复发电照明，许普澍亲自到上海购买铜线，恢复供电线路。1952年农历二月，恰巧是20年前光明公司第一次发电的那个月，重新开始供电，全城大放光明。

许普澍对新中国建设事业充满热爱，心情舒畅，意气风发，他曾写下这样的文字：

旧社会私人办工业道路曲折，只有在新中国成立以后，由于党和政府对私营工商业的社会主义改造政策的英明，才能走上社会主义的康庄大道。

许普澍在企业既是管理者，更是技术工人。虽然仅有小学文化，但一辈子保持钻研学习的干劲，在他身上集中体现了徽州人那种吃苦耐劳勤俭节约的优秀品质。

1931年，许普澍在其"读书笔记"上给自己写下了这样的格言："努力吧！努力！"许普澍用其一生的时间，实践着这样一条格言。

创办光明公司前，许普澍从来没有碰过机器，一方面买来最简单的《电灯》《机械学》学习，一方面每天和机器打交道，仅仅用了一年时间，就掌握了电力、机械方面的相关知识。从上海购进的那台德国造柴油机、发电机相伴他一生，对它的构造、性能摸得一清二楚，机器一有故障，总要找他。发电机上有一种零件叫婆司，是锡与铜合金铸造的，一旦损坏，就得到几百里外的芜湖、无锡修配，交通不便，一来一往得好几天，既耽误发电又影响粮食加工。许普澍外出修理时，试探着向维修师傅请教，师傅不愿教。许普澍就和同去的师傅偷偷跑到车间，看人家怎样浇铸，怎样加工，回来后就自己摸索，终于解决了技术难题。

办绸厂时，许普澍又熟悉了选丝络丝、拣条牵经、穿筘制造、精炼染色等工序。香烟卷制，从选料、配料许普澍同样亲力亲为。

公私合营后，许普澍这位副厂长总是和车间师傅在一起，主动担当一名技术工人的角色。许普澍不仅勇于创业，还通过不断试验，大胆创新，成功将木砻脱壳改为金刚砂砻脱壳，后又将金刚砂砻淘汰，改用橡胶砻脱壳，既减轻工人劳动强度，又提高产量和脱壳质量。许普澍还引进改造除杂、除稗、除砂、谷糙分离、熟米精选等设备，使旌德米厂生产的"标一籼米"获省优质产品称号。

我在许普澍亲属和同事的回忆中，找到了许普澍专心技改的一些实例，从中可以看出他的痴心。

20世纪50年代初，汽油、柴油紧缺，公路上跑的汽车都背上了大气包，或是在汽车尾部装上一氧化碳发生炉，改用木炭做原料。许普澍所在的旌德县粮食加工厂，同样如此。为安装木炭做燃料的发生炉，许普澍利用所学的知识和其他技术人员一道参与改装。一次在改装一氧化碳发生炉时，因为长时间站在炉旁，许普澍一氧化碳中毒晕倒在地，不省人事。幸亏很多工人在场，立即将他抬到室外，才化险为夷。

1956年，旌德县粮食加工厂第一次技术改造，新来的厂长方来喜和许普澍商讨改造方案，并让他画出图纸。许普澍晚上待在办公室用三角板、丁字尺、圆规慢慢画起草图。一天晚上，许普澍次子许坚卓去他办公室，看见他在画图，就好奇地问他，怎么会画机械图。许普澍告诉小坚卓，自己是从谭老师那里学来的。并教育儿子说："任何事情不是天生就会的，就像人走路，是一步一步学来的。许多事情自己不会，只要虚心去学，认真去学，就一定能学会。"

也许是崇尚办实业，许普澍对工业特别钟情。这一点，许普澍长子许尚武就有体会。1950年7月，许尚武在旌德县念完初中后，到父亲在宁国河沥溪的碾米加工厂复习功课。复习期间，许普澍就对15岁的儿子讲了新中国发展工业的重要性，要他学工，并帮他选定报考芜湖内思高等工业职业学校（芜湖工程技术学院前身）。

在粮食加工厂许普澍不但出力，有时还付出血的代价。一次在车间，为改进粮食加工装置时，不慎从几米高处摔下，腰部受重伤，不能行动，卧床数月。等身体恢复了，他又在车间忙碌上了。

1956年，许普澍将宁国大丰米厂无偿赠送给了宁国县粮食局。

鉴于许普澍衷心拥护共产党的各项政策，在社会主义工商业改造、公私合营、放弃定息、抗美援朝捐款、送子参军等方面事事带头，被徽州地区推为进步工商业家的典型，代表全区参加了华东工商业座谈会，聆听了陈毅等首长的报告，受到教育和鼓励。

"大跃进"年代，旌德县在姚家田修建第一个水电站，当时县委工交部的领导邀请许普澍参与此项工作，那么小的水轮机买不到，那个年代土法上马是常事，就用硬木头自己做木制水轮机，许普澍指导过木工按书本做出了木制水轮机发电。那些知识有些是他从书本上自学的，有些是向其他技术人员请教的。

许普澍专心技改的事，新中国成立前夕进光明公司当学徒，以后参军、读大学又回到旌德粮食加工厂的曹先生记忆犹新。

曹先生说，新中国成立初期物资匮乏，机器零配件十分难买，为提高砻米进度，许普澍想方设法在老式砻米木盘上，镶嵌上一根根老竹片做成齿条，当时没有什么黏合剂，他就在硬木盘上精心修凿出一道道燕尾槽，然后把竹片刨出公榫嵌进槽内，这样不但竹片磨损了好更换，也可在短时间内做出一大批土砻米机，以机器代替人力，既提高了进度，也使砻出来的米粒不碎，颗颗完整。

为给加工粮食除沙，许普澍与技术人员一起攻关，以至于日思夜想。一天，许普澍到河边散步，看着和往常一样河中流淌的急水与缓流，河中的卵石与沙滩泾渭分明，界限清楚。顿时启发了许普澍的技改灵感：为什么不能把碾出来的大米人为地做出一条米流，使它们通过不同坡度的筛子，使比重较重的沙粒与比重较轻的米粒也来个泾渭分明，互不掺和？经过一段时间反复试验，许先生终于与工人们一起在省内率先搞出了一条除沙除稗的生产线。

1958 年，芜湖地委（1956—1961 年徽州并入芜湖）为了大办工业，决定从所辖22 个县工业部门中各抽调（不转工资关系）熟悉工业的骨干1 人，组成地区工业物资协作采购调运队伍，由地区计委（冶金指挥部）统一领导。旌德县抽调了许普澍和另一位同志分配驻武汉工作。当时芜湖计委物资科的郑式，曾两次去武汉会同许普澍工作。

郑先生回忆说，在抽调人员中，许普澍最为年长，其他大都是年轻人。当时常驻武汉工作主要是办理大办钢铁时小高炉生产的生铁与武汉协作的机床设备等物资交接调运和其他工业物资采购，任务繁重艰苦。每批小高炉生产的生铁从芜湖发到武汉港后，办理交接时双方派人监磅，不管烈日炎炎还是寒风下雨，都要在规定期限内交接完毕。碰上磅差超标，还要查找原因。在那个"一天等于二十年"的"大跃进"时代，延期就是错误。许普澍经常连续工作十几个小时，一杯开水两个馒头充饥。发运物资，许普澍自己申报运输计划，购买材料、包装、贴标签，自行联系调运工具，每个环节的落实不知道往返要跑多少路，加班加点毫无规律。

派驻武汉不仅工作繁重，生活上也是十分艰苦。为节省开支，许普澍和同事们包住在离汉口港较近的汉正街一个小旅馆里，每个房间都是用木板隔成的，不足十平方米，一张小床，一张三屉桌，两个小方凳，整年挂帐子，夏天防蚊，冬天避风。衣食饱暖无人照顾，一日三餐不固定，在小饭摊、小饭店买吃的，不仅卫生不能保证，而且经济上无法承受。那时工资每月只有三五十块，高的也只有六七十元，每天出差补助费只有几角钱。许普澍买了一个小煤油炉，在旅馆房间里煮点面条，有时也做一点简单饭菜，解决一日三餐。这对一个年过半百、身体欠佳的人来说很不容易。休息时躺在床上听听收音机，算是许普澍最大的享受。当时没有节假日，春节也不能回旌德过年，他从无怨言。

许普澍的勤奋工作，在总结会上受到了领导表扬。在他看来，有了组织的肯定，自己付出多大的辛劳都是应该的。

许普澍的身份是旧社会的工商业者，尽管他在社会主义建设中始终是个勤劳的建设者，但在"四清"和"文革"中，依然没有逃脱受冲击的命运。

那个年头，"资本家"许普澍自然得靠边站。他内心虽有委屈和压抑，但一直坚守岗位勤恳工作，坚信共产党不会冤枉自己。在"运动"中，因为许普澍过去的种种善举美德，让他在有良心的工人同事那里多少得到了安慰。

1951 年，旌德县店员工会第一小组长纪灶浒被派到光明公司，协助吴竞夫开展公私合营工作，吴竞夫是公私合营裕民粮食加工厂公股副厂长，许普澍是私股副厂长。许普澍很开明，非常支持公私合营，并多次表示，个人财产一分不要，只要把公司工作干好。他的表态，对于别人来说感觉可能只是一个姿态，但对于纪灶浒来说深信他内心世界的忠诚与坦然。

这要从新中国成立前夕，纪灶浒的一次遭遇说起。

1948 年底，腊月寒天，纪灶浒从绩溪金沙养病回旌，傍晚时分，途径旌德俞村时，被国民党保安队扣押，经俞村一位熟人担保，几经周折，半夜才赶到旌德县城下东门城外。当时保安队为防新四军袭击，城门紧闭，把守严密，任纪灶浒喊破嗓门，城门就是不开。当时他又饥又冷，心想大病初愈，如果找不到一熟悉人家住宿避寒，恐怕一晚过来不饿死也要冻死。万般无奈，慢慢摸黑走到 200 米之外的光明公司门外，看见屋内窗户还亮有灯火，就忍不住大声呼救。这时，一位妇女开窗问他缘由，纪灶浒说明难处。稍后，开门出来一位慈眉善目的中年男子，把他让进厂内。灯火之下，纪灶浒不免有些局促不安，那位男子却说：

"看小师傅有些眼熟，请不要拘束，今晚你就在此安心过夜。"不久，妇人就给他弄好了吃的东西。当纪灶浒钻进温暖的被褥，跟身边一位工人模样的小伙子聊起来，他脑海里就深深刻下了一个名字——许普澍先生。

第二天是腊月初八，许普澍夫妇又安排纪灶浒吃完了腊八粥，才放心地让他赶回广丰糟坊去了。这是纪灶浒对许普澍最深刻的一次记忆。虽然当时一般人都叫他许老板，称他为有钱人，可是在纪灶浒这个小学徒看来，许先生丝毫没有有钱人那种傲慢与矜持，有的却是中国老百姓的热情与善良。当时他就冒出一个念头：要是能有机会，一定要去光明公司当学徒。

纪灶浒对许普澍的印象，并没有停留在这一件事上。

公私合营后，许普澍分管技术与食堂，常年穿着工作服，不怕脏，不怕累，和工人们一样干活。当时厂里机器老化，很容易出故障，零件急需更换，身为副厂长，为节约开支，经常一个人半夜三点钟开始步行到绩溪县杨溪搭车到无锡、芜湖、屯溪购买零配件，晚了就赶不上汽车了。有一次，许普澍带纪灶浒去屯溪购买零件，到了中午吃饭时间，一人买了一个大饼，两人合买一碗红烧牛肉。到了晚餐时间，一人买了一碗光头面，再一人买一碟炒肉丝，边吃边聊。许普澍笑着给他算了一笔账："我们今晚一人一碗光头面，一人一碟炒肉丝，合起来才三角九分。如果我们一人买一碗肉丝面，就要一人摊四角四分钱，一人多出五分钱不讲，而一碗肉丝面里面的肉丝还没有一碟炒肉丝里的肉丝多，你看哪种划得来？"这么一点拨，纪灶浒不但感到许普澍是在跟他讲为厂里节约的办法，更觉得许先生是在跟他讲为人处事的道理。望着面前这位慈祥的长者，纪灶浒强咽下眼眶中的泪水。因为许先生也许不知道，当时的县店员工会，还在指望纪灶浒这个工人出身的共产党员，在即将开展的"三反""五反"运动中对这位昔日"资本家""运动运动"啊。

许普澍的为人，人心有碑。

在这个只有8名正式工人的粮食加工厂内部，针对许普澍的"运动"始终搞不出什么声色。上级工会于是派出工作组，教工人怎么发言批斗许普澍。可是到了开会时间，工人们不是轻描淡写，就是东扯葫芦西扯瓢，根本不像是在开批斗会。一位工人的发言更是引起哄堂大笑，那位工人说："老许这个人是抠毛的，买什么工具都要算了又算，我们全厂正式工人、临时工人也有十几号人，却只有三把老虎钳，平常不敢轻易使用。可是，有一次，我到电线杆上抢修电线，非用老虎钳时，拿出刚用就掉进粪坑里去了，急得我赶紧下到粪坑去捞，怎么也捞不着，弄得我一身臭气熏天。等我跑到河边跳入水中，老许才知道，赶快拿来一块香肥皂让我洗，直到把一块香肥皂洗完，身上臭味才好一点。"

透过工人们的笑声，许普澍的心中虽然感到温暖，却拂不去那种苦涩感。

在那个"造反有理"的年代，许普澍清醒地知道，只有做好工作，搞好生产，那才真正有理。

新编《旌德县志（1978—2003）》为给许普澍先生立传，采访原粮食加工厂副厂长藤尔友，藤厂长郑重其事地为当时任器材保管员和统计员的许普澍给出了下列书证：

该同志对器材保管工作勤勤恳恳，认真负责，所需的材料能及时购买，保证供应。仓库材料堆放整齐，所有配件保管整洁，账实相符，从来没有短少、丢失现象。

每天同工人一起上下班，及时做好原料进厂、加工成品、副产品出厂的统计工作，及时上报厂部，统计数字及时准确。

早已靠边站的许普澍，依然保持着几十年养成的"严肃、严谨、严格"的工作作风。

那个年代，工作一天下班的许普澍，给家人留下了这样一幅定格的影像：

一身灰旧的中山装，上面落满一层灰（那是粮食加工车间带出来的粉尘），一双黑布鞋同样沾满灰土，花白的头发与身上的粉尘"交相辉映"，一双大眼睛总是炯炯有神，暮霭中拖着疲惫的身子，迈着略带倾斜的步姿，走向瑞市桥头那幢老屋……

尾 声

1981年，许普澍当选为旌德县政协第一届委员会委员。

许普澍十分珍惜组织上给予自己的荣誉和信任。除积极参政议政之外，许普澍对当年创办光明公司、实验绸厂以及参加"抗日救亡"活动的史实进行回忆，为旌德历史留下了珍贵的第一手资料。

一辈子崇尚实业、热爱学习的许普澍退休以后，并没有放弃自己的良好习惯，每天坚持看报，关心国家大事；四处搜集"蚯蚓养殖""松针饲料"等技术资料，在家庭养鸡中进行实验。

1984 年 1 月 14 日上午 8 点 30 分，许普澍因肺心病逝世于屯溪。

四天之后，许普澍同志追悼会在旌德县召开。县政协、县委统战部、县委宣传部、县粮食局等有关部门负责人、亲属及生前好友 110 人参加，县粮食局局长胡立鹤同志致悼词。辽宁省计委副主任、省政府经济研究中心领导小组副组长于岩（王惕之），湖北省社会科学院研究员朱剑农，原上海市电讯仪表工业局党组书记、局长谭浩，华东药学院院长江守默，南京药学院党委成员王冰，原徽州地委副书记叶维章、刘济民等同志分别发来了唁电并送了花圈。

于岩同志在唁电中评价许普澍用了这样的语句："第一次大革命期间拥护新民主主义革命的积极战士，一贯拥护我党人士、拥护我党政策的战友。"

在昔日战友们眼里，许普澍就是这样一位"党外布尔什维克"。

到 2007 年，许普澍诞辰 100 周年。去世 23 年。

屯溪郊外，一处松柏成荫的墓地，许普澍和他的妻子程漱霞相聚、相守。作为一个长眠者，他安静如斯，与山岚大地融为一体。

许普澍的名字，在旌德或者更大一点的范围，还时不时被提起，用臧克家《有的人》中的一句诗说就是：

有的人死了，他还活着。

　　2007 年 11 月 10 日，旌德县政协召开许普澍诞辰 100 周年座谈会，邀请供电公司、粮食局、烟草局、团县委、妇联、党史办、县志办、文体局、工业局、关工委、教育局等单位参加。受邀出席会议的还有宣城市副市长夏月星，旌德县政协主席方观齐，旌德县委常委、副县长李光明，旌德县政协副主席邵福秋，安徽报业集团副总编、许普澍外孙汪谷震及亲友代表。会上，许普澍的亲属捐资在旌德设立了"普澍助学金"，并举行了捐赠仪式。

　　这意味着，许普澍的精神在旌德的土地上，依然风骨挺立，光照后人！

许 普 澍 文 存

XU PU SHU WEN CUN

新中国成立前旌德第一个现代工厂
——光明公司

　　20 世纪 30 年代初，内忧外患，水旱风虫，互为因果，人民十分困顿。我当时是歙县徽城镇协大布店店员，向往实业救国，以求对社会有所贡献。因此一面积攒不多的资金，一面四处奔走，求亲告友，游说建议，以初生牛犊不怕虎的勇气，开始写缘起、订章程，进而公开邀股、筹集资金，同时申报官府、呈请立案，在旌德开办以电灯碾米为业的光明公司。

　　在歙县招募认股半数以后，1931 年秋，我即来旌德进行筹备建厂工作。为了达到利益均沾，调和人地生疏和人事权益隔阂，尊重地方社会习惯势力，我们尽可能拉拢地方上层头面人物资金入股，一些大店主也在其内，以便少出麻烦和站稳脚跟。其实这些人认股并不积极，有的存心观望，有的挂名不出钱，坐地分红，如江养吾名义上认了两股，实际上是干股。正式建厂开业，实收资金只八千元，与计划相差半数，造成一时不易克服的困难。

章程规定资本为 15000 元，分为 150 股，每股 100 元。5 股以上的股东，有权当选公司董事或监事，成立董监事会，从中推选经理，负实际责任，综揽全盘工作。章程并规定每年召开股东会一次，决定重大问题和分配股息红利等。第一次董监事会上，推选我为经理，董事五人中记得有旌德人士汪志祥、汪定邦。董事长为歙籍人士杨笠青，监事有江养吾，他是地方权势。

光明电气公司汇票

筹备建厂工作是紧张繁忙而又艰苦的。除积极筹集资金，遴选人员，置地平基做屋，勘山伐木栽杆等等，在当地兴办之事外，最困难的是购买机器和从千里之外将机器运入山区。当时得到内行友人帮忙，从上海选购德国名牌 24 马力柴油内燃发电机组，计银圆 5300 元。另外买电线材料、碾米设备、五金工具等，总共 10000 多元，超过全部实收资本。幸赖在沪亲友鼎力支持借垫，才将机器购妥。起运机器来旌是一最大困难。那时旌德不通公路，这样笨重的机件怎么才能运入这个交通闭塞的山区呢？我们苦思各种办法，在沪将机器拆卸成零部件，然后装上轮船溯长江而上，运至芜湖，再雇请木帆船从芜湖入青弋江至泾县赤滩。一部分部件改用竹筏逆流而上到达三溪起岸。另一部分机件，则硬靠人工扛抬 120 里山路。有的机件重达六百多斤，要用八至十人抬。这次运机器，不仅要克服自然条件上的种种困难，还要经受军政的刁难敲诈。当木帆船载着机器即将到达泾县赤滩时，突遇国民党军队拦船检查，莫明其妙地要扣船没收机器，吓得船老板下跪求情，我方押运人员又讲好话又送人情，才把这个半路上杀出的程咬金应付过去。

机器安全到旌后，安装和运转需要技术人员，当时的旌德没有这样的人才，我们在芜湖同心机器厂找到一位姓许的师傅，与他订立合同，每月付 100 元安装费，由他承包派人前来安装。我们所请的是在芜湖明远电厂同师学艺的吴竞夫同志及浙江籍的技工共 4 人，通过建厂安装中合作共事，建立了感情，欣然接受我们邀请，长期留下，技术力量也就获得解决。在寒冬雨雪的条件下，建房架线，浇灌机座，全靠大家一股创业热忱，群策群力，艰苦奋斗，先后投入资金 13000 多元，终于在 1932 年农历二月初一的夜晚，全城一片光明，轰动了古老的旌德山城。

发电照明是社会公用事业，受官府保护专营。那时规定，所有电厂都由南京国民政府建设委员会管理。制度烦琐，要通过这一关也是不容易的。设厂先经登记核批，规定业务区域，要绘制线路简图，备文申报组织概要，以及主管人及技术员履历、照片，营业章程，收支概算，及其他例行报表，经过核定电价，才发给执照，准许开业。以后每年都要编制年度报表，缺一不可。名为保护，实在是像一个不管事的婆婆，反多啰唆，不好办事。

木 昝

　　那时实行的是包灯用电制，按盏收费，每盏每月（16瓦）一元五角。为鼓励多用电，凡用灯五盏即赠送一盏，相当于降低电价17%。用大灯泡按比例加价。电费月底登门收取，拖欠电费三个月以上者，就要停电追偿欠费。整个城区只有两千多人口，较大商店用电灯五盏的也不过十来家，一般都是一两盏。开业当年，全部用户连同机关电灯仅300盏出零，月收电费400多元。第二年减至300盏，官民要求降低电费，每盏减至一元二角，月收电费仅300余元，不敷实际开支。所以在头两年，股东不但分不到股息，而且有出钱挖名字的危险。

　　当年在旌德县城办机器碾米，也是一件难事。旌德素以出产稻米著名，西部的绩溪和歙县的南乡依赖旌德米调剂，集中碾米又不现实。旌德有十五六万亩田，平畈、山坡、梯田交错，人口仅五万左右。地广人稀，广种薄收（一年一熟），当地农民吃的是米，用的也是米。山区交通工具除了肩挑，即是骡马和独轮车。农民习惯利用水碓和木砻制米，要大量、长途集中城区碾制，那是不可能的。面对这种情况，我们也采取了做买卖亦工亦商的对策，求得生存。当然，我们是不同于米商的。我们也亲登地主富农之门，因为只有他们手中才掌握有大批稻谷，需要加工。我们向他们求购原粮，利用我们机米产量高、质量好的优势加工成熟米出售，谨慎行事，不敢松懈，取得初步进展，在经济上补偿供电亏损而稍有盈余。双管齐下，才算站稳了脚跟。

　　1934年大旱，春至夏三四个月，滴雨未下，大小河道断流，水碓难转，有稻谷无法变米，碾米机发挥了它的作用。米店和囤粮大户都把稻子砻成糙米，再送来加工碾白，一时加工客户纷至沓来。但仅兴旺一时，眼看秋粮绝收，后路已断，加上灾后市场萧条，电灯用户也因节省开支而锐减。审时度势，光明公司必须等待来年秋收之后，方有转机。这一年中，也算遭了灾。工业设备既不能移动经营，员工更不能束手待毙！摊子要守，人员要留，几经周折磋商，最后才决定安排两三名老工人守老营，其余一班人另谋出路，就食他乡，以救坐食山空之急。1935年春，我们一行人来到江北含山县运漕镇，帮助徽州同乡建立而经营困难的圆明电灯公司，暂时托足，解决上半年生活问题。入秋以后，我先回旌德筹备复业，接着，汪旭如、吴竞夫等人由运漕归来，

米 斗

光明公司又重新供电碾米。从此，运漕、旌德之间，光明、圆明如一对孪生姐妹，互相维持照顾，直延至 1938 年春，运漕沦陷前夕为止。

抗战初期，仍照常供电，但皖南孤处一隅，机电材料短缺，柴油存储枯竭，苟延至 1941 年，实在难为无米之炊，报准停业。碾米也由于军公粮的征调，田赋征收实物，民间存储日少，而战时军粮又是供应糙米，业务也一蹶不振，毁家纾难，古有先例。为使职工及家属能够糊口，公司即利用当地土产烟叶，手工卷制"建国"牌香烟，每当采购到一点松节油时，就以之代替柴油，开机碾米，就这样艰难地维持到 1945 年抗战胜利。

迎来胜利，并未给光明公司迎来光明，相反地却是前途一片黯淡！胜利后第一个春天，蒋介石发动全面内战，此后，经济濒于崩溃，物价一日三涨。电灯无法重见光明，手工卷烟也为进口美烟取代。在这时，才真正到了山穷水尽、无法维持残局的境地。碾米业务只容留一二人，于是大家只得各自谋求出路，光明公司已是名存实亡了。

命运还不止此！电灯停业后，新桂系县长萧大镛一走马上任，就想吃掉它。他一要马上恢复电灯，二要"租用"碾米设备做公粮，派员坐厂催逼，另派心腹去张渚、梅渚购买电器材料，气势汹汹，雷厉风行。几经软拖硬顶，到后来由于缺柴油的问题无法解决，才悻悻地吐出了到口的禁脔。

又一个继任县长陈晓钟到旌后，放出的三把火更是气焰逼人。他也是以要立即发电为紧箍咒，当时电机损坏，无法运转，他竟恼羞成怒，专横恶毒地命令电话局突击派出四五名线工，将光明公司架设在街道上的五六十根线杆上的输电干线——七股铜线，全部拆去，分解做电话线。关于这输电铜线，以前还曾有过一次厄运：抗战初期，省会迁移金寨，缺少电线，派人来皖南搜罗。他们在南陵劫掠了一批之后，到旌德时恰遇停电维修，当时那批人就准备下手拆除。多亏了那时的商会主席方绍清出面维持，做好做歹，由光明电灯公司出款 1000 元行了贿，方免遇难。这次终于遭殃，也是在劫难逃。1951 年公私合营，为恢复此项线路，在上海购买相等铜线，竟用去人民币 3000 多万元（当时币值）。

旌德解放了，光明公司也从此获得了真正的新生。初期为中粮公司和县人民政府财粮科加工粮食，经济困难解除了，员工们也振奋精神，团结一致。在县委、县人民政府的关怀下，经过多次协商，由于当时公私合营尚没有模式可供借鉴，双方议定，采取租赁形式，每年由政府付给厂方租金 1000 元（抵充折旧费）双方合资办。私方筹集资金 10000 元，政府投资 5000 元，分利方式采取"四马分肥"。光明公司当时仅有资金 2000 元，不敷之数后争取工商联和石士彦同志支持，邀股投资，凑齐差数。1951 年 10 月完成新建制，改名为公私合营"裕民粮食加工厂"，开始

旌德县粮食加工厂旧址

粮食加工业务。第二年农历二月（正是二十年前光明公司第一天发电的那个月）开始供电，全城又大放光明，以全新的姿态，为人民服务（发电部分直至 1961 年上东门水电站建成为止）。1956 年改为全民所有制，1957 年改名为"旌德县粮食加工厂"。

从私营到合营，使我深深体会到：旧社会私人办工业道路曲折，只有在新中国成立以后，由于党和政府对私营工商业的社会主义改造政策的英明，才能走上社会主义的康庄大道。

原载《旌德文史资料·第一辑》

回忆抗战初期旌德救亡运动的几件事

　　1937年"七七"卢沟桥事变发生，接着"八一三"战火蔓延到东南沿海，南京、芜湖相继沦陷，日寇长驱直入，皖南岌岌可危。一时散兵游勇，不愿做奴隶、做"顺民"的人们，扶老携幼，颠沛流离，旌德顿时成了流亡通道和暂时避难所。人心浮动，草木皆兵，社会秩序、思想情况极度混乱和不安。

　　我当时是一血性青年，在旌德县的新型企业"光明电灯公司"服务，目睹时艰，痛心疾首，只恨报国无门。当时我和吕一鹤、汪志祥、方植等几个人经常在一起，每次谈话和讨论的主要话题总是如何献出自己的一份力，为垂危祖国效劳。

　　吕一鹤又名云鹤，是我们几个人的小领袖，他建议大家"到民间去"，去四乡做宣传工作，与群众建立联系，尤其是宣传国共两党再度合作，共同抗日，动员一切人力、物力，抗战救国，复兴中华。第一步为了安定人心，壮大声势，突出旌德青年救亡组织的作用，我们自发地在城区各大街和城郊数里之内的村镇上，到处刷写了大幅"救亡图存，抗战必胜，建国必成"的标语，末尾署名赫然写着"旌德县救亡宣传队"字样。接着，我们四个人就启程去西乡进行串乡宣传组织活动。

那是1937年的冬天，我们一行跑了70华里到达吕一鹤的家乡——洪川（下洪溪）。吕的堂兄是开杂货铺的，他亲切地接待了我们。当晚，我们就在他家集合了七八个人，举行座谈，大家都热烈响应，非常投机，首战告胜，不虚此行。第二天，去白地小学，以谭笑萍为召集人，有教师、学生、当地青年，情绪更为高昂，使我们更感欣慰。随后又经庙首去三溪（北乡），仍然是以学校为核心，三溪小学校长王同年也主持召开了座谈会，当场集合了进步青年数十人，拟定筹备建立"旌德县抗敌救援会"。于是订章程、议纲领、定措施、制规划，初具规模。

经过我们连夜奔波，回到城里，就积极向当时县长田易畴进言，要求按照全国人民意愿批准我们成立合法的人民组织，给予支持，以便开展活动。当时时局风雨飘摇，田自己也感到覆巢之下无完卵，经我们软硬兼施，晓以大义，动以感情，才允许改名为"旌德县战地服务团"，并以他的副手县府秘书杨德年为团长才批准成立。于是委派吕一鹤为副团长，以县教育局（现旌阳一小）为团址。下设宣传、组训、青、工、妇各组织，开展工作，并拨给少量经费作为活动经费。当时我们大多数人家居城区，都在家里吃饭，不拿工资津贴，真可谓是枵腹从公，义务救亡了。经费有限，不敷支用，我们还要拿出一些来添补，也向一些热心同志劝募。自1937年冬到1938年夏，热气腾腾，有声有色，民心士气得到振奋和复苏。

同时，我们又说服了县自卫团团长陈志达（县实力派）答应拨给步枪 50 支，武装训练青年两个月，以便一旦敌寇临境，就能挥戈上阵，手刃敌人，保卫家乡。

1938 年秋，国民党政府提出将民间抗日组织一律改组为动员委员会，由他们安排人事，目的就是排挤进步人士，制造摩擦。吕一鹤当即拂袖而去，在三溪住了一时期，便去泾县云岭新四军总部参加教导团学习，其他人见事不可为，也都陆续星散。汪志祥和吕佐尧因为是城里两大店铺——"汪金有"和"德裕"的小老板，听从他们支配去屯溪受训，几个月后回来双双当上了旌阳镇的正副镇长，方植回十五都乡间自谋营生，我也重操旧业，支撑奄奄一息的光明电灯公司。

吕一鹤一走，群龙无首，不过这时他的影响所及，在城里虽已销声匿迹，而四乡的群众救亡运动却蓬勃发展起来，正方兴未艾。

有几件与这一时期有关的人和事，值得回忆：

为了配合学习宣传，解决偏僻山城精神食粮缺乏，当时在光明电灯公司附设了一爿"救亡书店"，从内地金华、汉口、桂林购进一批进步书刊，并派销《新华日报》汉口版、重庆版，受到各界欢迎。"救亡书店"开业时，石印了大幅广告在四乡张贴，提出"主张和希望——在这敌骑纵横，全民抗战的时候……抱着不赚钱的目的……供应一切救亡书报，唤起同胞，同仇敌忾，抗战建国"云云（现存有残破样张）。反动派曾两次查抄，并传讯经营人许介人、许泽之，1939 年竟遭封闭。还在光明公司大门院墙上大书"纠正纷歧错杂思想"八个大字以示警告。他们也没有轻易放过我，肃反专员余慕先传押了我，终于无法找到证据和口供，几经奔波求告，才被允许取保释放。

光明公司当时有一位练习生张鸿九（锡畴），是今含山运漕镇人，日寇进犯时，随吾弟泽之流亡来旌，参加了救亡书店工作，担负派送报刊任务；书店被封后，曾几次随许泽之去云岭送书刊文具等；1939 年冬去新四军教导团。他为人忠诚明敏，思想进步，仅一年间，就提拔为连指导员。皖南事变突围时，取道泾旌交界之春岭来旌，在汤村附近遇熟人土仇，为其暗算，被朱旺乡公所拘捕。我们闻讯赶去营救已来不及了，被解送旌德监狱，当作要犯，无法解救。后来移送上饶集中营，曾多次来信，我们也曾寄去衣服、鞋袜等。日军进犯上饶，集中营转移途中，张鸿九同志在福建赤石暴动中不幸牺牲。我是在新中国成立后读《上饶集中营》一书时才知详情的，当时曾投函《解放日报》《新华日报》查询，后得民政局告知，确证牺牲。

吕一鹤同志是我一生中结识的一位实干家，抗战初期旌德救亡运动的中心人物。在他的倡导下，旌德县战地服务团由他亲自带队跑遍了四乡，至今许多人尚能回忆起他的音容笑貌。他善于交游，有胆识，组织能力强，群众基础扎实，说话有说服力，人们都爱听他讲话。他经常住在三溪镇利用士绅汤幼庵，成立救亡剧团，举办救亡图书室，其他如农抗会、妇抗会、青抗会、儿童团等都应运而生。只演剧一项，据一些人回忆，在他的主催下，四乡的教师、青年、学生以及流亡在我县的南京、芜湖等地的学生组成的剧团就有许多个，彼此流动演出，互争短长，街头剧、话剧运动在旌德大大开展起来。1939 年他去新四军教导团学习，当时如磁吸铁，旌德许多进步青年皆纷纷跟从前往。据我所知，有王冰、江守默（现在南京药学院）、谭浩（现在上海仪表局）、吕炯（现在安师大）、汤太元（"文革"期间被迫害逝世）、张鸿九（赤石暴动中牺牲），还有其他一些人员。

关于谭笑萍，据徐光福同志回忆，他是旌德早期党员之一，与革命县长谭梓生是兄弟辈。当年我们在西乡白地、江村、庙首联络抗日救亡活动时，他在乡里有威望，经他积极协同开展工作，是较为顺利的。翌年春间，他亲自率一班高年级学生徒步60里来到县城，宣传演讲，唱歌演戏，以行动声援相应，非常出色。我们也曾在光明公司举行了联欢会，以为接待，活跃生动，印象殊深。

原载《旌德文史资料·第一辑》

旌德实验绸厂的变迁

一、旌德实验绸厂

　　抗日战争第二年（1938），素以出产绸缎著名的杭嘉湖地区沦入敌手。内地的农家主要家庭副业——养蚕缫丝，由于生丝在战乱中没有销路，经济更显滞困，旌德也在影响之内。当时有许普澍、章济川（协成昌号经理，县商会主席）、汪志祥（汪金有号店主）、吕佐尧（德裕号店主）等人，集议谋求打开生丝销路，土法上马，开办木机织绸，供应三家店铺自行销售。这事一举数得，有益无损，何乐不为！大家一拍即合。那也符合长期抗战、自力更生、自给自足的原则。

　　于是，四个人商定每人投资 500 元，合计 2000 元，作为建厂基金，不另征集外股。至于原料蚕丝，三个店皆兼营收丝业务，都有大批生丝库存可以源源不断满足织造需要，不愁匮乏。

1938年秋，股款很快收齐，即推定许负责筹建工厂，马上派员向产绸区购买手拉织绸机，招聘熟练工人。那时敌骑尚未越过钱塘江，浙江华舍（绍兴属）原来与旌德丝商有交往，于是就去人接洽。第一次与雇佣工人谈判时，工人提出须保证几年不辞退的条件，去员不能当场答复而折回。回来经过磋商，又复派人前去，才人机一同前来而告圆满成功。华舍是个古老市镇，居民都以织绸为生，机坊织户集中，杭州沦陷，织户正面临国难家仇，严重困难，所以购机招工并不费事。当时买了5架织绸机除1架织素绸外，其余4架皆附有龙头花板，可以织花色绸。招聘了6名工人（以赵××、孙××为领班），同时买齐梭筘等全套织机配件和染色颜料。这样，一整套小而全的机坊人员设备就水陆兼程来到旌德，厂就设在城里营坎上程氏宗祠内。并动员汪志祥的岳母及家属凌淑娟（络丝女工出身）教导女工络丝，开始织绸。当年冬天就出产了一批花绸（大绸）、素绸（纺绸），送上三个店主的柜台应市了。旌德县的手工织绸业也就从此写下了开宗明义的第一章。厂名就定为"旌德县实验绸厂"。

好景不长。到1939年秋，首先是敌寇采取了"以战养战"的经济策略，大量掠夺内地的战略物资，并抛出了一批多余工业品进行交换。蚕丝也是鬼子急需的紧俏货。生丝也由滞销转为活跃，大小工商皆通过各种渠道与沦陷区进行交易，旌德的生丝库存额大大减少。章、汪、吕三个股东都见钱眼开，违背初衷，各人都有一个小九九，总认为合伙经营不如自谋发展独占鳌头痛快，不肯多拿原料供应绸厂。绸厂资金有限，这是一个致命打击。其次是技术设备跟不上。花色品种不多，一副老面孔，难与日本货和杭嘉湖地区产品竞争。加之工厂管理粗糙，制度不严，管理人员外行，而手工织绸工艺却十分细致复杂：从选丝、络丝、拣条、牵经、上机、穿筘、织造、精炼、染色、整理等工序，无不需要严格把关，不容丝毫疏忽。放任领班工人专权，自然不能提高质量，也无法降低成本。另外既不开店卖绸，又不设行收丝，本身又不懂这一行，感到两头不落实，一心想撂挑子，因此到了 1940 年下半年，终于闹到停产歇业、出盘他人的境地。

二、安徽省营皖南纺织示范工厂

虽然是一个残破的烂摊子，但在闭塞的旌德县城，仍然是一项新兴事业。当时就吸引了小官僚江植之（当时国民党县党部执行委员，是当时皖南行署建设科主办工商科员）的注意，他欲据为己有，利用权势大干一番。1939 年底，正当三位私商各怀异志不想坚持办好绸厂的苗头初露时，他就闻风而动，四出奔走，分别与许、章、汪、吕碰头，这也从另一面促成了四家不愿合作终归散伙的定局。江植之的第二手是利用当时在屯溪当皖南行署主任戴戟的关系（戴祖籍是旌德兴隆大礼村，他的手下有江村的江世辉时任行署水利处长，江养吾时任行署秘书），打出发展家乡实业的招牌，携款一万元重来，经过双方反复协商，很快达成协议，估算全部生产设备折价 1000 元，于 1940 年秋兑款交割，便由实验绸厂转建为皖南行署主办的示范绸厂。厂长江植之，下设总务、工务、业务各股，车间计有组织间、络丝间、牵经间、修整间、制纬间、炼染间、纺纱间、修理间并设门市部，尚有厂警、骡夫、更夫，俨然一副衙门面孔。江自知不懂窍难以驾驭全厂，发展业务，一心延揽人才，由许推荐绸厂内行江淑和（歙县人）专搞生产技术，局面很快打开，成效显著。生产各色纺绸和花大绸，除行销本县各绸布店外尚运至皖南各县。职工、艺徒从94人也逐渐增至100余人，资金呈准在皖南物运处，盈余项下动支30000元，不敷周转尚可在地方银行借贷，资金总数达49030元。

这个厂，在1941年戴戟去任，新桂系黄绍耿上台以后，为统一统治，招牌也改作"安徽第二纺织厂"（第一纺织厂在屯溪黎阳）。同时为了防备空袭，移了八台机子到三都设立了分厂，又在西门外汪祠（即现在的二中校址）设立了缫丝车间，从江苏收买一部分烘干茧，从绩溪孔灵丝厂调来十几名缫丝工，自己生产生丝，以备常年之需。并接受复兴公司委托，代为缫丝。还通过官方，实际上是当地两大官绅的合流（江植之、汪易如），将当时属于第三战区救济委员会旌德分会主办的"难民工厂"（厂长汪易如，曾任旌德县参议会议长）合并了来，开展了棉织品（布匹、毛巾、袜子等）生产。旌德也有种棉花习惯，因地制宜，土纺土织，自产自销。

那时的"难民工厂"设在城郊姚家祠堂（即今旌德县玻璃钢厂），汪易如主持难民分会，自然也是厂长。名义上是收容沦陷区来旌难民，进行生产自救，实际上是召集江北巢县一带纺土纱、织土布来旌的人，从事生产。有平布机上十台，花格布机七八台，针织毛巾、袜子机五台，铁木结构，手工操作，有职工三四十人。合并在一起以后，由于绸厂大部分是浙江人，与新来的人在工种、地域观念、生活习惯、语言等方面的隔阂，有许多矛盾，甚至打架斗殴，形成两大帮派。

三、民生工厂

1945 年抗日战争胜利，这是全国人民的大喜事，照理应当百业兴旺了吧，实际上却不然。日本投降，美国渗入，土产丝绸仍然斗不过外来丝绸。加之一部分工人因家乡光复，纷纷结伴离旌重返家园，工厂逐步走向解体。1946 年 2 月 12 日省府第 1183 次委员常会决议："拨归旌德县政府继续经营。"（旌德纺织厂究应继续经营抑应结束，请公决案。）江植之见风使舵，在他只手处理了厂里一部分机器设备以后，顺水人情，便将整个厂交给了下洪溪人芮庶康（曾任区长，县参议员）。一个要丢破包袱，一个愿意承揽烂摊子，这笔交易很快就做成了。芮也不弱，他接管了以后，做收拾残局打算，尽量缩小规模，改厂名为"民生工厂"，敷衍现状。以后，内战战火越来越炽，芮又感到不支，另由县政府委派了汪兴和（曾任乡长，当时是县城防委员会秘书）接收。那更是一代不如一代，一直苟延残喘至 1949 年 4 月旌德城解放。等到这个由私商私营而官办官营的先织绸厂后纺织厂的混合体回到人民手中，只是一些停转的机器了。新中国成立以后，新建了"旌德县针织厂"，原厂也只是作为一个地址给承袭下来。建厂后，购进了一批铁机，更新了设备，扩大了生产。而当年的一些木制织机被当作一堆破烂处置了。

原载《旌德文史资料·第一辑》，与江秉衡合作

纪念许普澍
JI NIAN XU PU SHU

许普澍小传

许普澍（1907—1984），歙县潜口乡唐模村人，民国二十年
（1931）定居旌德县旌阳镇。

许普澍幼年丧父，由母亲王氏抚养成人。王氏是清道光进
士、著名货币理论家王茂荫的玄孙女，资质聪颖的许普澍从小受
到书香门第良好的家教。民国四年（1915）入唐模村小学，民国
九年（1920）因家贫辍学，次年进徽城镇裕大布店当学徒，后为
店员。受布店经理杨贡南女婿、早期共产党人王惕之（后改名于
岩）的影响，读过《社会进步大纲》《资本主义发展及没落》
《经济学基础知识》等进步书籍，并投身歙县店员工会活动，开
展劳资斗争，成为骨干，"四一二"事变后，遭资方打击被解雇，
民国十七年（1928）到新开张的协大布店当店员。

民国二十年（1931）10 月，为实现"实业救国"之理想，

许普澍与布店同事汪定邦（旌德人）合议后辞职到旌德创业，筹集股金创办了旌德第一个股份制现代企业——旌德光明电气股份有限公司，从事发电照明和粮食加工，亲任经理。在公司的筹建运作中，许普澍克服了资金、技术、设备、人事等诸多困难，仅设备采购运输就历尽了辛苦。当时旌德没有公路，在上海购买的德国产24马力（1马力=735.499瓦）柴油机、发电机和碾米机重达数吨，无法运回，只得将机器化整为零，拆卸装船运到芜湖，再雇用木帆船沿青弋江载至泾县赤滩，又改用竹筏沿徽水河逆流而上，到三溪上岸再雇民工抬到旌德县城。有的铸件重300多千克，竹筏无法承载，就用人工从赤滩沿旌泾驿道跋涉60多千米抬到旌阳。在整个设备运输途中，不时遭到国民党军政人员刁难、敲诈、盘查和扣押，前后历时6个月，终于在民国二十一年（1932）3月完成设备安装发电照明。旌德县城首次安装电灯300盏，实现有史以来首次电灯照明和粮食机械加工。民国二十三年（1934），旌德大旱，秋粮绝收，公司加工业务面临停产，为摆脱困境，许普澍于次年4月带领几名工人到含山县运漕镇承包租赁园明公司。民国二十七年（1938），因日军占领含山而被迫歇业。同年，丝绸集散地杭嘉湖地区沦陷，旌德蚕茧卖不出去，许在县工商界奔走筹资，开办旌德实验绸厂，缫丝织绸以解决旌德蚕茧销路，成为旌德现代纺织工业开拓者之一。民国三十年（1941），为适应市场需要，许利用当地土产烟叶在旌德开办建华卷烟厂，生产手工卷制的"同盟牌"卷烟，烟标印有"吸同盟牌香烟，祝同盟国胜利"标语，抗战胜利后停产。

抗日战争时期，许普澍积极参加抗日救亡活动。在任光明公司经理期间，与吕一鹤、谭笑萍共同发起成立"旌德县战地服务团"，参与宣传工作。在光明公司内附设"救亡书店"，推销《生活》《新知》杂志，派送《新华日报》和《抗敌报》，并购买了《反杜林论》《社会主义入门》《自然辩证法》《国家与革命》《马列主义问题》等进步书籍，供青年阅读。民国二十八年（1939），"救亡书店"遭查封。此后，许继续暗地保持与新四军的联系，多次派人给新四军送去书刊文具，并通过地下党安排、动员，使20多位旌德青年投奔新四军，皖南事变后，许积极营救被俘新四军战士，并给予过境新四军干部于岩借钱求助之援。许因此被当局视为"亲共通共"分子，光明公司大门被当局写上"纠正纷歧错杂思想"的标语以示警告，并被传押监控。许无法在旌从业，偷跑出县，在宣城、宁国等地以粮食加工谋生暂避，直至旌德解放。

新中国成立初期，许回旌仍任光明公司经理，兼任宁国大丰米厂经理。先后担任县生产救灾办公室副主任、县水利委员会副主任、县人民代表。在县工商界带头捐款抗美援朝，并送长子许尚武参加中国人民志愿军。1951年10月，许响应政府对私营工商业改造的号召，主动申请将私营光明公司改为公私合营裕民粮食加工厂，由此被派往上海参加华东地区工商业改造座谈会，并被选为县第三届工商联常委。1956年，许主动将大丰米厂无偿赠送给宁国县粮食局。1964年6月，许主动放弃公私合营旌德裕民粮食加工厂拥有股份的定息，改为国营旌德米厂，任副厂长；任职期间，主管经营和技术改造，为淘汰木砻加工改橡胶砻加工稻米做出了贡献。

"文革"中，许普澍被当作"资本家"的典型批判，但他坦然面对，坚信党的政策，在工作中始终坚持"严肃认真、精打细算、勤俭创业"的作风，直至卸任。十一届三中全会后，许普澍当选为县第一届政协委员。1984 年 1 月，因患肺心病逝世。

原载《旌德县志（1978—2003）》

一生并不平凡

许婉华

父亲离开我们已经23年了。

父亲一生默默无闻地工作，平平淡淡地生活，低调内敛，不尚张扬。在一般人心目中，他不过是一个普普通通的商人，一个对社会无足轻重的凡人。加之在多次政治运动中受到冲击，面貌被歪曲，形象受影响，虽然没有给他戴上"帽子"，而那"资本家"的头衔像沉重的铅块压在身上，让他挺不直腰杆，展不开眉梢，在寂寞冷落中度过晚年。山城春来迟，在拨乱反正以后不短的时间里，他过去做的很多有益事情并不为人所了解或不为人所重视，生平没有得到应有的肯定。这也难怪，他毕竟是一个外乡人，知情者又多离世，他的为人处世也就鲜为人知。记得在1984年1月14日父亲逝世时的追悼会上，还是在宣读了来自全国各地父亲生前战友的唁电后，才引起人们的注意。那几位党的高级干部对父亲有如此高的评价，这实在让人们惊愕不已，乃至刮目相看。随着改革开放的进一步深入，党的政策进一步落实，在编修《旌德文史资料》和《旌德县志》时，尊重历史、实事求是地登录了有关父亲一生进步活动和对地方经济贡献的事迹。这次旌德县政协还专门召开座谈会以志纪念，父亲身后受到如此隆重褒扬，可慰九泉，对此我们全家感激涕零！

我父母有四个子女，我是老大，是唯一的女儿。我有三个弟弟。父亲身后没有给我们留下任何物质财富，而他丰富的人生经历中所蕴含的精神财富却让我们享用不尽。多年以前，我就有这个想法，应当回忆往事，将我所知道有关父亲的事情撷取梳理写成文字，借此留传，这才是对他老人家最好的纪念。今天，这个愿望终于实现，老伴大泽根据我多年来的零星口述并结合他的了解做了补充，代我整理撰写成文。文中还一并表达我们子女谷震、啸洋等对外祖父的深切怀念。

值此父亲百年冥寿，谨以此文祭奠父亲在天之灵！

不俗门第　淳厚家风

父亲是歙县唐模人，那里现在是国家级著名旅游景点，享有文明古村、画中人家、人居福地等美誉。我家故居坐落在村东水街，廊桥附近的一条小巷里，那是一栋三进三开间两层的徽派建筑，名为"许立本堂"。我出生在那里，并在老家度过一段童年岁月。但年幼时懵懵懂懂，对祖辈的事印象模糊，父母也很少向我们谈起家世。我只知道祖上在江西经商，开有瓷器店，我祖父年轻时就不幸病逝，对他的生平我们几乎一无所知。尚幸年前尚武弟偶然发现祖父锡藩公的两件遗墨手迹。这是他写于清宣统三年（1909）的一张领悟著文要旨，书以自励的小字条和一搭用小楷书写其学习西方法制理论知识的笔记。仅此一鳞半爪却让我们借以一瞻祖父的风貌轮廓。众所周知，清末民初，西学东渐，莘莘学子纷纷冲出封建牢笼，热衷学习西方文化，蔚然成风。我祖父蛰居徽州山乡，心系天下大事，在"中学为体，西学为用"的观念影响下，孜孜攻读，渴求新知，是一位睿智聪慧、志向高尚的有识之士，不幸英年早逝。这不由让我们联系父亲的风范，他那积极进取、执着追求的秉性，乃有家门遗风，血脉渊源可寻。

唐模许普澍故居

　　祖母是在我 5 岁时离世的。我年幼时她对我宠爱有加，因为我家上一代没有女儿，所以视我为掌上明珠。她白天和我形影不离，晚上拥我入睡。她那慈祥和蔼的音容笑貌至今仍有印象。我小时候就知道，祖母是"官家小姐"，娘家过去有人做过大官。后来才证实她是我国著名历史人物王茂荫的嫡玄孙女。王茂荫是清道光进士，曾任御史、侍郎等职的理财官员，是马克思《资本论》中提到的唯一中国人。他家居歙县义城，其后裔与我家交往不断。我父亲称为舅公的曾将具有王茂荫手迹的一件文物交给我父亲，此物在"文革"中被抄走，我们从母亲叙述中始知此事，深知这件文物的价值，非一家之私，乃三番五次向县、地、省三级有关部门呼吁查找。遗憾的是迄今未找到下落，这是后话。

　　我家祖上尚属富裕殷实人家。但随着徽商的没落，在祖父逝世前后江西经商失利，收入短绌，日渐式微。我祖父母育有三子。父亲普澍排行第二，伯父端伯忠厚平庸，后又不慎染上吸毒恶习；叔父泽之自幼目有残疾。在这个家庭里，父亲自然承担着更多的家庭责任。父亲于 1921 年离家去歙县裕大布店做学徒当店员，在此期间结识我母亲，自主结婚成家。我母亲程漱霞是歙县问政山人，我外祖父在县衙里当过文书之类的小吏，有两子两女，母亲排行第二，大舅程耐青去江苏泰兴经商帮工，二舅程邦震也赴江西谋生，姨母程淑英年幼。我外祖父母离世后，母亲虽已出嫁，娘家的事还要靠她。就这样，年轻的父亲不得不兼顾许、程两门，两家人的营生度日，婚嫁成家都离不开他的操持。

　　我祖母出身名门，温良贤淑，教养有素，在她的抚育下，父亲自幼受到良好的家庭教育。不幸的是祖母年轻孀居，家境不裕，心境郁闷，后来发展到精神恍惚，举止失常，可能就是患有现在人所称的"抑郁症"，不幸于 1935 年撒手人寰。父亲事母至孝，痛失慈母，又以事羁，只得将灵柩厝存，直至 1945 年始率全家大小齐集唐模祭拜，筑坟隆重安葬。

唐模"小西湖"

　　徽州是程朱理学的故里。父慈子孝、兄友弟恭等儒家伦理道德观念浓厚。父亲自幼耳濡目染，而同时他又受到进步思想的熏陶，具有强烈的革命信念和理想追求，我在后面还要详细谈到。在这样一个理想与现实的矛盾之间，父亲陷入徘徊、犹豫之中而难以自拔。现在，我们缅怀父亲一生，往往为他当年没有走上职业革命者的道路而惋惜，为他一生命运坎坷而追悔，也为自身背上家庭成分的包袱受到的连累而有所埋怨。殊不知当年父亲的苦衷，他无法回避家庭生计问题，无法推卸自身的责任，他不得不面对现实做出抉择，留在家里。我在本文开篇剖析家庭背景和父亲早年的心路历程作为铺垫，这样也许有助于对后面叙述的理解。

身栖工商　心系革命

父亲于 1915 年至 1920 年在家乡唐模敬宗小学读了五年书。此时学校有一位方与严老师是进步人士（新中国成立后曾任教育部中等教育司司长），在他的启蒙教育下，父亲年幼时就萌发进步思想。后来他在歙县裕大布店当店员时又有一位同事于岩（原名王惕之，新中国成立后任辽宁省经济委员会副主任、省经济研究中心主任）经常向他灌输无产阶级革命理论，并于第二次大革命时一起投身如火如荼的工人运动，成为歙县店员工会的骨干分子。他们激情满怀、意气风发地办工人夜校宣讲革命道理，并组织开展同资方的斗争。1927 年"四一二"事变，大革命失败，他遭受店主的打击报复而被解雇。这时，他处在人生十字路口上，在革命低潮时，乌云笼罩，一片白色恐怖，不少人意志消沉，逃离背叛革命，而他初衷不变，激情不减。为了家庭生活，他仍留在商界，进入新开张的协大布店当店员。他白天站柜台，晚间潜心学习。家里保留了他于 1931 年写下的一本"读书笔记"，里面有一段表白心志的话："回顾单零的身世和茫茫的前程，面对漆黑阴森的社会，幸福要靠去找来，这就需要学问。知识恐慌的我，从何处寻找呢？幸亏得到好友王惕之的指导……"这段话说得比较隐晦，而一个有志青年渴求进步的迫切心情跃然纸上。他是这样想的，也是这样做的。他在这本洋洋万余言的读书笔记里，系统地记录了阅读《社会进步史大纲》《资本主义的发展及其没落》《经济学的基础知识》《社会科学大纲》等革命理论的心得体会。新中国成立后，我们找出夹在墙里隐藏的当年父亲阅读的革命书籍，包括《国家与革命》《反杜林论》《辩证唯物主义与历史唯物主义》等大量经典马列主义理论著作。平时父亲不大讲话，而每当谈起革命理论时却口若悬河、滔滔不绝，引经据典如数家珍。难以想象，一个仅读过小学的年轻店员，竟有如此深厚的理论功底。冰冻三尺非一日之寒。父亲年轻时那种勤学苦读，自强不息的精神，永远值得我们学习，这才是他老人家留给我们的真正财富。

还要补充说一下，父亲在县城积极投身工人运动的前后，家乡唐模小学在办学问题上出现了一场争论。他站在年轻的女校长许淑玉一边，与村里一股封建旧势力进行了激烈的斗争，由此激怒了乡绅，他们唆使村人趁一个黑夜，在我家大门口的照壁墙上，密密麻麻地涂写乱画一片，对父亲诋毁污蔑，这事轰动全村，酿成很大风波。此时，年轻的父亲在家乡反封建第一线上已经崭露头角。1937年"七七事变"，抗日战争爆发，华夏大地遭到日寇铁蹄践踏，烽火连天，国难当头，大家同仇敌忾。那时父亲已来旌德多年，与当地的一些进步人士素有联系，他们在中共地下党员吕一鹤的率领下，团结各界青年，组织成立"旌德县战地服务团"。父亲负责宣传动员工作，他所在的光明公司是活动中心，一些热血青年经常聚集在这里。旌德山城信息闭塞，父亲想方设法拼装了一台无线电收音机，从那时断时续的微弱电波里，将搜索到的抗敌讯息及时向外传播，鼓舞士气。后来，他在光明公司里附设一家"救亡书店"，大量发售《新华日报》等进步报刊及三联书店等出版的革命书籍，成为县城最引人注目的亮点。小小书店能量很大，它不仅大大满足人们精神食粮的饥渴，而其正确宣传共产党团结抗日的政治主张具有鲜明的进步色彩，对人们具有强烈的吸引力、感染力。这却引起国民党当局的恐慌嫉恨，这个书店曾两次被查抄，并传押我父亲，后来竟被查封，还在光明公司大门院墙上写下"纠正纷歧错杂思想"八个大字。救亡书店虽昙花一现，但它播下的革命火种经久不息。

"旌德县战地服务团"是国共合作抗日统一战线的民众组织，它凝聚了一批爱国青年，发挥了积极作用。国民党当局为了操纵控制这个组织为其所用，利用权力将其改组，排挤进步人士，从而引起组织分化。一些原来团结在共产党周围的青年陆续星散，投奔革命。而另一部分青年则投向国民党怀抱，被委派担任地方政权各级官员。在这个节骨眼上，父亲不为官职地位的诱惑而心动，毅然与其决裂，分道扬镳。他继续留在商界，暗地里与共产党组织保持联系。他先后鼓励协助江守默、王冰、张锡畴等一批青年到泾县云岭参加新四军。同时又设法为新四军驻地运送文具等紧缺用品，他始终不忘为他衷心拥护的革命事业出力。

抗战以来，父亲或明或暗的进步活动一直受到旌德县国民党当局的监控，视为眼中钉，必欲除之而后快。1941年"皖南事变"时终于借机下手。他们找到了父亲"通共"的证据，那就是在事变中突围后在旌德汤村被俘的新四军教导队指导员张锡畴。他原来是光明公司、救亡书店员工，被俘后被押往旌德的过程中，父亲竭力营救未果，从而暴露了关系。还有一位新四军高级干部于岩被俘路过旌德又曾经登门求助。这两桩"通共"的罪名，终于可以安在父亲头上。处此紧急关头，幸亏有人暗中报信，父亲星夜潜逃离旌，隐藏在歙县渔梁附近一个小村里一位远房亲戚家里，躲了一个多月，风声过后，才敢露面。但还不能在旌德立足，只得离家辗转流动于河沥溪、宣城西河等地，以加工碾米为业，直至新中国成立。

新中国成立后父亲从外地回到旌德，深受党组织的信任器重，担任县人民代表大会代表，并先后任县生产救灾办公室副主任、县水利委员会副主任，参与新政权的建设事业。这是父亲一生的黄金时期，他多年梦寐以求的报效祖国、服务社会的愿望终于实现。他满怀激情，废寝忘食，殚精竭虑，勤奋努力，为医治国民党反动政权遗留下的累累创伤做了大量具体工作。他实地勘察，组织施工三溪官坝水利工程，使大片农田获得灌溉之利；他衷心拥护共产党的各项政策，在工商业社会主义改造、公私合营、放弃定息、抗美援朝捐款、送子参军等方面事事带头，成为徽州地区进步工商业家的突出典型，代表全区参加华东工商业座谈会。但好景不长，随着国内政治形势的变化，他那"资本家"的身份难逃受批判的厄运。在"左"的岁月里，出于阶级斗争的需要，他被当作"活靶子"批来批去。但任凭风霜刀剑，风吹浪打，总无法从他身上找出一点"反骨"，也不能从他身上找到"阶级斗争"的活教材。所以，没有给他戴上"帽子"，他的副厂长职务一直保留。尽管这样，他仍然被划入另册，剥夺正常政治待遇，受到不公正的对待，尊严受损，人格受辱。在长达二十多年灰暗的岁月里，他逆来顺受，从不放松自我改造，他似乎怀有那种所谓的"原罪感"，总是那么严于律己，自责不已。他无声无怨无悔，从不动摇对共产党的信仰，他坚持按时上下班，主动下车间劳动，年年月月，无论严寒酷暑，从不缺勤。他所表现的这种对党忠诚的态度，连那些极"左"的人也对他无可奈何。

父亲一生一直在工商界，从来没有从过政，他没有参加任何党派，但他却具有鲜明的政治信念，坚定的立场。他组织上没有参加共产党，但几十年来思想上、行动上处处紧跟共产党，经受大风大浪的考验从不动摇。他不是毁家纾难的革命志士，也不是长袖善舞的社会活动家，他没有投身惊天动地的事业，但在平凡的岗位上时刻不忘为国家、为社会做贡献。我觉得，从政治上评价他的一生，说他是爱国民主人士，不如称他是坚定的"党外布尔什维克"更为贴切。父亲的一些战友在谈到父亲时，不约而同地说他"难能可贵"。20世纪70年代，一次我在同学处偶遇新中国成立后旌德县第一任县长赵奇峰同志，他就是这样称赞我父亲。又一次大泽在武汉拜访他的老师，乡贤朱剑农教授（著名马克思主义经济学家），他回忆往事深情地连声说我父亲一生真不容易，真了不起。还有于岩、江守默、王冰等老干部都异口同声地这样评论我父亲。"难能可贵"这四个字简洁中肯、意味深长，这是对我父亲一生的最好概括和写照，值得永记。

创新立业　汗洒梓城

1921年，父亲14岁时离家来到歙县县城，先后在裕大、协大布店学生意当店员，历时10年；1931年，23岁时离开歙县来到旌德创业；1980年，74岁时告老还乡回到徽州屯溪。他在旌德这方热土上度过50个春秋，洒下了大量汗水，倾注了无数心血。在此期间，他曾先后去含山运漕、宣城西河、宁国河沥溪等地辗转流动营生，但基地在旌德，这里是他第二故乡。

纵观父亲一生，他人生征程中最突出的业绩，最大的闪光点是在旌德开拓创新了三项产业，那就是：创办光明电灯公司，成为开辟旌德现代工业第一人；主办旌德实验绸厂，开旌德现代纺织业先河；开设建华烟厂，首创土法手工卷烟。这三项产业虽然算不上技术发明，但在当时旌德这地方毕竟是破天荒第一次，所以这样的技术引进也就不失为创新立业，它在这里经济发展史上所具有的重要意义是不言而喻的。

当年，父亲是一位有理想、有抱负的热血青年。他在"实业救国"的信念感召下，为旌德经济发展的深厚潜力所吸引，毅然来旌德创业。20 世纪 30 年代初，现代工业的东风吹拂江南城镇，而旌德偏处一隅，死水一潭。这里号称"徽州粮仓"，而粮食加工全靠木砻、水碓，这大大阻碍粮食商品经济的发展，影响人民的生活。为了改变这种生产力落后的状况，他引进发电技术，晚间发电照明，白天利用机械碾米。既让县城居民"点灯不用油"，享受现代工业文明成果，同时又让广大农民在粮食加工上减轻劳累，提高效率，一举两得，城乡两利，意义深远。1938 年抗日战争时期，我国丝绸中心杭嘉湖地区沦入敌手，旌德城乡主要副业是养蚕缫丝，一旦丝没有销路，影响人民经济收入非同小可。对此大家一筹莫展。而我父亲深思熟虑，创议集资建立"旌德实验绸厂"，并亲自负责筹办。他从浙江绍兴购进 5 台手拉织绸机，并招聘 6 名工人，历经艰难，终于成功生产出花绸、素绸供应市场。后来在这个厂的基础上改建为"安徽第二纺织厂"，新中国成立后新建为"旌德针织厂"。我父亲当年创办的这个绸厂，不仅搞活了蚕桑业，并且闯出了现代纺织业的新路，自然功不可没。同样是在抗日战争时期，物资匮乏，他独辟蹊径办起了"建华烟厂"，利用当地土产烟叶，手工卷制香烟，满足市场需求，既为战时陷入困境的光明公司职工提供生活收入来源，又在旌德开辟了一项新的产业门路。由此可见，当年父亲创业有一个总的理念，那就是立足民生，关心人民生活，从解决经济生活上问题与难点入手，求得企业利益与社会利益的统一。这种经营观无疑是进步工商业者所具有的气质。当时社会上囤积居奇，投机倒把，大发"国难财"成风，在横流污水中，他称得上众浊独清，鹤立鸡群。

父亲创业，并不是单靠他的眼光和聪慧，而他那股下苦功夫，学习钻研的干劲，才是成功的秘诀。父亲创办光明公司前，是一名仅有小学文化的商店店员，仅仅用了一年时间，他就掌握了电力、机械方面的知识和现代公司企业的经营路数。他边学边干，匠心独运，缜密思考制定了开办公司的章程和技术设备等一整套方案。他从来没有碰过机器，而他从上海购进的那台德国造柴油发电机相伴他一生，他对发电机的构造、性能摸得一清二楚，机器一有故障，总需要找他，往往手到病除。他在粮食加工技术改进上倾注了更多的心血。公私合营后，他在旌德县粮食加工厂名为副厂长，实际上他整天在车间与工人师傅一起，主动担当技术工人的角色。他积极不断地试验，成功地将木砻脱壳改为金刚砂砻，并进而采用橡胶砻脱壳，从而减轻工人劳动强度。他还引进改造除杂、除稗、除砂、谷糙分离、熟米精选等专用设备，从而使旌德米厂加工生产的"标一籼米"荣获省优质产品称号。他从未接触过丝绸、卷烟行业，而一旦钻进去却能成为行家里手。丝绸工艺中的选丝络丝、拣条牵经、穿箍织造、精炼染色等复杂工序他处处认真学习，保证质量。在手工卷烟中，他从选烟、配料、卷制等环节上不断改进，创出"建国""同盟"等品牌，博得消费者青睐。从这些方面看，父亲与那些养尊处优、四体不勤、好逸恶劳、不劳而获的某些资本家也是有本质的不同的。

父亲从业过程中所面临的困难是今人难以想象的。他只身一人来到旌德，人地陌生，唯一的合资者是协大布店同事汪定邦（大泽的父亲），但他虽为旌德人而人在歙县，鞭长莫及，主要靠父亲到处求人，费尽口舌。从资金筹集、厂地建设、机器选购运输、电线架设等方面经常出现难题。旌德地处偏僻山区，交通闭塞，既不通公路，又无水路可行。从外地运进笨重的机器设备运输问题就成为拦路虎，诸如这类问题费尽心机才得以克服。而在历经艰辛于1932年成功发电后，并非大功告成，可以坐收赢利，接踵而至的是营业问题。因时局影响，民生凋敝，经济不景气，制约这新兴产业的生存与发展。先是电力照明用户有限，收费困难，出现亏损。而依赖加工碾米收入填补，又因水稻受旱歉收，稻谷加工时断时续，入不敷出，难以为继。在长达20年里，光明公司在风雨中飘摇，苦苦撑持，摇摇欲坠。国民党当局对这家现代民营企业不仅不加扶持，却虎视眈眈，伺机攫取占有。他们置发电所需燃油来源、经营亏损等实际问题于不顾，蛮横地限令发电，以此为借口将光明公司架设在街道电线杆上的输电七股铜线全部拆走，无偿占有，用作电话线。这就是在旧社会里，父亲苦苦经营的新兴产业所遭遇的打击和挫折。

父亲一生在滚滚风尘中奔波，历经艰辛，跌宕起伏。他生活的那个年代云谲波诡，风云变幻，个人命运，企业小舟的沉浮全由政治主宰，他有心创业则无力回天。他虽人情未见练达，世事未尽洞明，但一心创业，筚路蓝缕，奋力拼搏，而结局仍差强人意，事业并未获得完满成功。人们常说，一个人的成功决定于才能、勤奋、机遇三个条件，行行皆然，人人相同，概莫能外。机遇可遇而不可求。父亲一生可谓生不逢时，机遇与他无缘而厄运却频频光顾。他在逆境中挣扎，仍难走向成功的彼岸。"谋事在人，成事在天"。在人生成功三大要素中，父亲唯一欠的是机遇。他也曾有过机遇，1958年，他被借调到芜湖地区计委工作，历时年余，因策划有方表现出色而深获赞扬，却因"身份"这道门槛难以逾越，纵有伯乐，也无缘借此得到重用，进一步施展才干，只拿到一纸书面表扬而打道回府。父亲的才能和勤奋在同侪中绝不逊色，尤以勤奋更加突出。他几十年如一日，刻苦钻研，锲而不舍，他那种"想一行、学一行、干一行、精一行"的风貌，博得很多人的赞誉。他在旌德这块土地上耕耘不辍，洒下大量汗水。他创业时播下的种子，萌发出苗，却备受风雨摧残，终于在阳光雨露中茁壮成长。父亲一生，所走过的道路，虽然坎坷而正确无误，他的人生阅历丰富多彩，他积累的经验弥足珍贵，我们因有这样的父亲而骄傲！

亲情似海　思念无尽

父亲一生总是那么忙忙碌碌，风风火火，行色匆匆，席不暇暖，一心扑在事业上。我们幼年时他似乎很少有闲情逸致留在家里和我们在一起享受天伦之乐。虽然如此这并不意味着他的淡漠矜持。他表情严肃，不苟言笑，而心灵里蕴涵、流淌出来的殷殷温情却无比真挚而深沉！我是父亲的爱女，在我一生中父亲给予的关切、宠爱和呵护实在难以言表。舐犊情深，恩情似海，那是有血有肉的人间至爱。往事历历，思念无尽！

许普澍夫妇和外孙汪谷震

　　时间回溯到 60 多年前，我从孩提到入学成长的时期，那时候在我们那里，一个女孩走出家门读书上学有那么多的曲折困难。我先去歙县读师范，后去芜湖改读普通中学。新中国成立后，如愿以偿到南京读产校，从此踏上一生从事妇产卫生事业的道路。这几番周折谈何容易！父亲不知费了多少心思。联系投考入校，环节多多，自不用说，就拿出门上学的路途来说，没有交通工具，只有步行。说来可笑，我这双不争气的脚板，一走远路，总是血泡淋淋无法落地，每当此时，父亲心疼地为我张罗，又是毛驴、又是滑竿代步，让我减轻行走的痛苦。父亲自己不怕吃苦，对人要求也很严，而对我这个女儿却网开一面。别人都说父亲主观，而对我却事事依顺，我想达到的，他总是千方百计地让我满足，我也是处处尊重父亲，从无过分要求，我们父女之间心灵默契，亲情交融，这是我一生莫大的幸福。

结婚成家是人生大事，那时候父母之命仍是婚姻主导，而我父母给予我充分自主，享有完全自由。我结婚后父母为我这幸福美满小家庭的建立而欣慰喜悦，并一如既往地关心我们独立后的生活。1953 年，我分娩待产，那时候大泽的母亲、我婆婆久患高血压无法离家前来照顾。此时，没等我们提出，父亲就和母亲商量主动把这副担子承担下来。而做出这样的决定可不是一桩简单的事情，它涉及一家人正常生活秩序的改变。为了照顾我们，母亲带着坚定弟弟来合肥和我们一起生活，尚武弟参军在外，坚卓弟读初中住校后去歙县读高中，最困难的是父亲，他年近半百，孤零零地一人留在旌德，衣食饱暖无人照顾，心境烦恼无从排遣，长年累月他一一忍受。最让我内疚不已的是，1956 年一次他在县粮食加工厂车间，为摸索改进粮食加工装置不慎从几米高处摔下，腰部受重伤，不能行动，他强忍疼痛，卧床数月，仅轻描淡写地告诉我们。还有一次在车间试验用木炭替代柴油作燃料，因一氧化碳中毒当场晕倒在地。这些他都强忍病痛，不让我母亲回家照顾，不让我们的生活受到影响。这就是父亲为我做出的牺牲。如今每当回忆这些往事不禁眼湿心酸，深深自责。

我的家庭温馨和谐，但平静的生活中也有波折。在 20 世纪中期，那个特殊时期，"三年自然灾害"波及千家万户。而我家面临的不仅仅是生活上的艰苦，而是让一家人离散的变故。先是大泽被抽调参加省委工作组派往重灾区凤阳总铺包村驻点。在他下乡不久，我母亲按那种"左"的政策规定不能留在合肥须将户口迁回旌德。这就给我出了一个莫大的难题。我日班夜班上个不停，两个孩子离不开外婆，而那狭小的住房又无法另请保姆。这难题让我愁苦莫名，一筹莫展。为了不让大泽分心，我没有将难题推给他，但孤掌难鸣，不知所措。这时又是父亲伸出慈爱的援助之手。他让我母亲将两个年幼的外孙带回去，由他们照顾抚育。我万般无奈只得让孩子离开我身边。他们在外公、外婆的精心照料下在老家度过几年童年岁月。这时粮食紧张口粮不足，为了不让外孙受苦，外公动起脑子搞瓜菜代营养品。外婆挖空心思搞些好吃的。如今他们经常回忆起那跟着外婆围着锅台，吃上那来之不易的"美食"的情景，从心眼里感激外公、外婆的一片苦心和深情厚爱！

在那艰苦的岁月里，我们两个孩子过着比一般人家稍胜一筹的生活。但一家人分散几处，我经常独守空巢，孤寂难耐。父母一有机会就让孩子回到我们身边，但短短的几天又要离开，相逢容易别时难，每当此时，心灵里总要承受着难舍难分的煎熬。就这样两地分离过了几年，孩子日渐长大，照顾容易，我们就急切地将他们接回来，总算和孩子们在一起过上团圆的日子。但为时不长，那场"文化大革命"的风暴骤起，我们身不由己地陷入那怪圈里，孩子不能正常上学。后来是下放农村接受教育改造，干部、学生无一幸免。一个"下放"不知牵动多少个家庭。此时我们心灰意冷，前景渺茫，几经踌躇终于选择回家乡插队落户，虽然有些解甲归田的况味，然而回归故土和父母团聚，却填补了心灵上的空虚，享受到亲情温暖，倒有种塞翁失马焉知非福的感受。

　　我们下放旌德庙首三年，谷震在旌德读了高中，接着在农村插队，先后七年。啸洋虽未下放，也经常回到这里。下放岁月，失落中有满足，郁闷中有欣慰，这是因为我们生活在父母身边。我们经常从乡下回到家里，每当这时，父亲嘘寒问暖，母亲烹调美餐，一家人团聚情意融融。两个孩子在外公、外婆这里得到无微不至的照顾，受到慈爱温暖的抚摸，还有那殷切地教诲。这一切极富生活情趣，回味无穷。后来，我们先后回城，在改革开放的春风里满怀激情勤奋工作。两个孩子幸运地受到高等教育，踏上理想的工作岗位并建立了美满的家庭。饮水思源，我怎能忘记那生我、养我、助我的父母！当年，尽管我们工资低微、经济拮据，但再苦不能苦上人。我们尽力筹措，支持老人购置房屋，让他们在瑞市桥头能有安身之所。两个孩子也经常想念外公、外婆。他们深知外公的爱好是读书、看报和做实验。他们经常收集《文摘周刊》等新报刊，索取"蚯蚓养殖""松针饲料"等资料寄给外公，他们知道这比带给他什么都让他老人家高兴！我还有一次和父亲、母亲一起"南京之旅"，这是我独得的享受，父亲还为他唯一的外孙女的美满结合投下关键的一票！这些既是甜美的回忆，也是深情的怀念！

　　父亲一生虽然坎坷却始终享受到家庭和谐带来的安慰，这得归功于我母亲。他们相濡以沫，共同度过了风风雨雨的岁月。我母亲性格开朗，热情好客，这正好弥补我父亲性格上的不足。母亲极富人情味、同情心。至亲好友不用说，连一些路过家门的也递烟送茶。别人有困难，不吝相助，睦邻济困，享誉闾里。父亲勤俭朴素，对生活从无苛求，生活有规律，早年身体健好，但一生辛劳，晚年逐渐体衰，患有肺心病，他享有公费医疗待遇，却从不上医院看病，虽然母亲悉心照料终无法抵御病魔的突然袭击，猝然病逝，他没有给我们留下一句遗言，便悄然离开我们走了！父亲一生爱国爱民，服务社会不遗余力。他没有充分享受改革开放的伟大成果，也没有尽情享受子女对他的回报。"子欲养而亲不待"，唯一可以告慰父亲在天之灵的是：你的后辈们在阳光雨露里茁壮成长，枝繁叶茂，春色满园！

　　　　　　2007 年 6 月 17 日于南京汇林绿洲广林苑

从"父亲叫我去当兵"谈起

许尚武

　　父亲一生追求进步，紧跟共产党，为实现"实业救国"的理想勤奋创业，做了大量有益的工作，他的精神风貌让我们缅怀崇敬。父亲严肃、认真，在家里他是严父也是慈父。他关爱我们的成长，他为我取的名字"尚武"就饶有深意。我没有辜负他老人家的殷切期望，于1950年抗美援朝期间参军，献身保家卫国的神圣事业。五十多个春秋过去了，在怀念父亲时，我想就从"父亲叫我去当兵"谈起，下面是我的回忆：

　　1950年7月，我在旌德县中读完初中后，到父亲在河沥溪的碾米加工厂复习功课。那年，我只有15岁。在复习期间，父亲跟我讲了许多新中国发展工业的重要性，要我学工，并选定了报考芜湖内思高等工业职业学校，这是一所外国人办的老教会学校，很有点名气（即现在的芜湖工程技术学院前身）。8月底，父亲带我到了芜湖，安置在旌德同乡会馆，他就回河沥溪了。在同乡会馆我碰到了从旌中来芜湖考一中的汪震人和考高职的戴惟熹等同学,一起复习,一起吃住,经过考试,我们都进入了自己所选择的学校学习。

在校学习期间,朝鲜战争爆发,东北一些城市遭美机轰炸,每天都有伤亡报道。我是旌中第一批入共青团的,当时,内思学校也只有四五个团员,我们几个团员在芜湖团市委的领导下,在学校开展了轰轰烈烈的学生反美控诉运动,肃清"亲美""恐美"思想。随着运动的深入,国家号召青年学生报名参军抗美援朝。我有心响应,但有些犹豫,便写信告诉了父亲。随后接到他的几封来信,要我在大敌当前、国家危难的时候,放弃学业,报名参军。我在父亲的教诲下,写了决心书,报名当天我写信告诉了父亲,很快就接到他的来信,鼓励我当兵。于是我把父亲的信交到团市委,并再次表明我参军抗美援朝的决心。

在体检时,体重不够,我就拼命喝水;身高不够,我就挺胸垫脚。经过政审,于1950年12月下旬被光荣录取。芜湖大、中学校男女生共120多人都被才成立不久的华东空军录取。全市人民热烈欢送,游行、慰问袋从四面八方送到我们手中。我把这个热烈场面也及时写信告诉了父母亲。

很快我们被带到杭州笕桥机场,那是国民党留下的唯一的一所航校,也称之为国民党的空军摇篮。当时,舟山群岛还没有解放,敌机经常来骚扰,一有空袭警报,我们就往壕沟里钻,在这种情况下,部队有人开小差。在笕桥多次接到父亲来信,要我不怕吃苦,经受锻炼。经过八个月的新兵训练,我被带到空军卫生部,负责战伤飞行员的后方治疗。经我手转院治疗的有王海、赵宝桐、张积慧、马宝堂等战斗英雄。抗美援朝还没有结束,部队

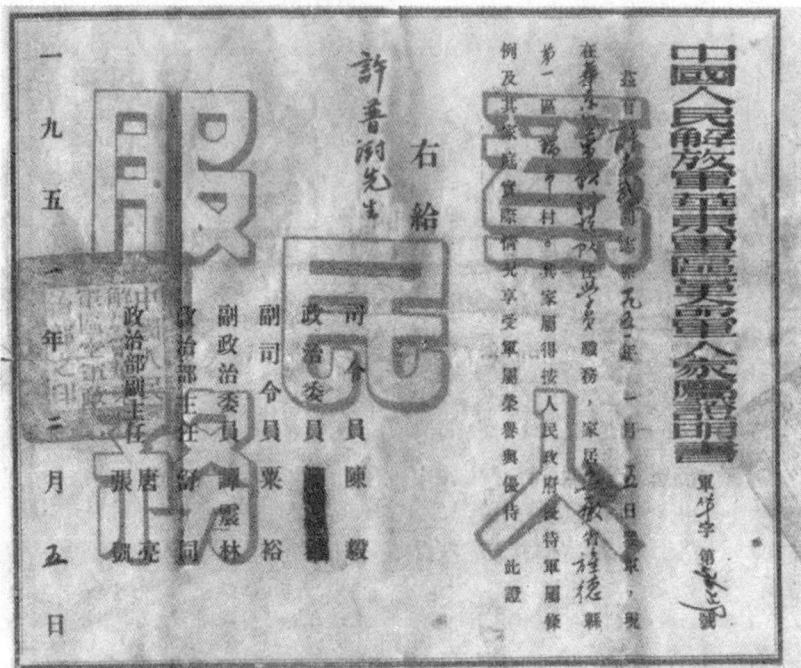

缺乏医务人员，1952年秋把我送到山东医学院培养，于是我又念起大学本科课程。

在回忆当年我参军始末以后，还要谈一下我所目睹的发生在1941年的"皖南事变"中的一幕。因为这涉及我的父亲。当时国民党当局蓄意破坏抗日统一战线，引发这场同室操戈的悲剧。父亲就是被国民党当局以"亲共通共"的罪名受到迫害。当年，我家住在旌德县，离泾县云岭新四军驻地仅百余华里。"皖南事变"时国民党调遣大军向新四军大举进攻，旌德是必经之地，事变中被俘的新四军战士也是路过这里押往江西上饶。那时我年幼无知，自然不了解事变的真相。为了保持原貌，我按当时记忆的情景，叙述于下：

我念小学时，家住旌德县城，北门徽州同乡会，是一个小三进的屋子，前、中进都有小天井，当时住了好几户人家。屋子里还住了从江北日占区逃难来的人。我家住在堂前西侧的一间房间里，一张大床，一家人住，厨房是几家共用。

寒假的一个下午，我到城外父亲开办的光明公司去玩。一出下东门，就看见许多新来的军人。不像看城门的那些兵，穿的服装、拿的家伙都不一样。我沿着城墙根来到公司，门口也站了好多军人，前厅、砻稻场、碾米场到处住的是在山城没有见过的军人，他们清一色的草黄军装，胸前佩戴标识，个个戴钢盔很神气。我走到晒谷场的院子里，看见还有几门炮，许多马，士兵在喂马料，到处都是马粪，乱哄哄的。我就回到城里问母亲，母亲不跟我讲，说："小孩子不要问这些事情。"第二天，住在公司的这些军队就向北门三溪方向开走了。

好几天见不到父亲，我又不敢问父亲到哪里去了。那时，母亲很紧张，早早吃完晚饭，熄灭煤油灯，抱着我上床睡觉。有时，半夜坐起来，跟我说："你听见没有，在打炮"，我也莫名其妙地紧张起来。

一天晚上，天黑以后母亲带我从小学后面城墙下排水沟洞钻出去（那是城门关了以后，我家到城门外公司去的一条经常走的暗道）。母亲叫开门，就到公司的机器房边上点着马灯，她一趟一趟地把书和报纸都藏到屋檐下的夹墙中。我很想知道是些什么东西这么重要，虽然念小学，但还没认识几个字，不知道是些什么。收拾完这些东西，她又带着我摸黑钻城墙排水洞回到城里。后来我才知道，母亲暗地收藏的是父亲早年阅读的进步书报。这些藏在夹墙中的书报，新中国成立后，也是母亲带着我从夹墙中取出来，那时我念初三了，看到《苏共党史》《共产党宣言》

《论持久战》《新民主主义论》《西行漫记》《续西行漫记》《抗敌报》《挺进报》《新华日报》等一大批书刊。1949 年，我带旌德第一任团委书记王文永来我家专门看这些书，他还拿走两本。后来，父亲把这些书捐献给了县有关部门。

几天过后的一个下午，我在公司机器房玩手摇砂轮机，听大人说，门口在过兵，我就好奇地钻到门口来看，看见穿正规军服装的人端着枪，押着一些人，他们手被捆着，前后又用绳子将手臂一个连一个捆在一起。他们穿的衣服破烂，有的打着绷带，上面还有血，有的拐着腿，大人说那是新四军。我看了有些害怕，就钻到大人的屁股后头，但又很好奇地看。那是沿着城墙外的青石板路从北门方向开来，向下东门方向开去，从下午一直到快天黑。大人们在议论：芜湖、繁昌、南陵还被日本占领着，从前线捆这么多自己人来干什么？

第二天，我在北门城里同乡会家中，午饭后没多久，两个国民党军人，戴着大檐帽，扎着武装带，腰间别有手枪，带着一个穿灰色破服装、一只手被绳子捆着、没有戴帽子的人来到我家。一进门，那个人就用纯正的徽州话叫我母亲"普澍嫂"。我母亲一看来人是王惕之，是父亲最亲密的朋友，感到非常惊慌，不知所措。接着那人又用徽州话说："有没有吃的东西，我肚子很饿。"母亲不敢多问，她心知肚明，这时候她唯一能做的是将家里能吃的、好吃的东西赶紧端上来，让他饱餐一顿，母亲用叉子把吊在梁上的淘箕取下来，打开盖的布，把锅巴放到一只蓝边碗里，倒上麻油，冲上开水，拿了筷子，递到被捆的人手里。他坐在桌边狼吞虎咽地吃起来，母亲又从厨子里拿了一些剩菜。押着他的两个国民党军官就坐在他的边上。母亲急忙倒茶、递烟，按徽州人的习惯，拿糕点招待两个军官。同屋住的其他人家都躲到房间里不敢出来。那个被捆的新四军一面吃一面讲："两天没有吃东西了"，吃完又添了一碗锅巴。

为了能让他路上少受点折磨，吃饭的时候，母亲到房间拿了几块"袁大头"和"哈德门"香烟塞到两个国民党军官的手里，并说"请多关照，请多关照"。走时，那位新四军又用徽州话说："多谢，普澍嫂。"我站在门口看到捆绑他的绳子松了许多。

后来，我才知道那个被捆的新四军叫于岩，是新四军教导队的指导员。从旌德押运去江西的第二天，在绩溪大源跑了。新中国成立后是沈阳市第一任经委主任。坚卓弟出差去看过他。

这事情被国民党当局知道，他们联系我父亲一贯参加进步活动，终于可以借此下手抓捕，幸亏有人报信父亲才幸免于难。

父亲的生平是丰富多彩的，以上的回忆仅仅是一些片段，一个侧面。父亲一生在旌德地方经济发展上做出一些贡献。缅怀他老人家，让他的精神永远留存我们心底，激励我们后辈勇往直前！

2007 年 6 月 18 日于芜湖

身教重于言教

许坚卓

　　想想时间过得真快，一晃父亲离开我们 23 年了。他那严肃而又慈祥的面容，一双炯炯有神的眼睛，穿着布满灰尘的工作服，走起路来风风火火的样子，却始终留在我的脑海里。蓦然回首，往事历历在目，仿佛就像是昨天。从来到这个世上，我就和父亲生活在一起，虽然中间有些中断，前后也有三十多年。在这么长的日子里，他没有给我们留下一点点物质财富，但却给我们留下了终生享用的精神财富，那就是：他的求知欲望、信仰追求、爱国情操、诚信经商和助人为乐的品质，这些优秀品质是我们子孙应倾力去追随的。父亲对子女的教育，不训斥，不打骂，而是身教重于言教，用自己的行动来影响和教育子女。

　　小时候我只感觉父亲是一个商人，长大了以后才真正体会到他其实是一位有文化的商人。他出生在一个没落的徽商家庭，8岁上小学，仅仅读了 5 年，就因家庭原因辍学，而过早地承担起了抚养家庭的重担。他并没有放弃求知，在当学徒时，他即利用业余时间读了大量的中国古典名著和进步书籍。他的古文学功底深厚（按现在的说法，他的中文可以达到大专以上水平），这可以从他老人家留下来的一些遗作中看出。不仅如此，他还非常重视对子女的教育培养，不管是女儿还是儿子，都要我们上学受正规的教育。当时父亲刚到旌德创业，这里的教育条件比较差，孩子无法读书，他就想方设法送子女到外地去上学。我八九岁时，他就教我学珠算，把口诀写下来让我背，我就天天"一上一，二上二，三下五去二"地背着，每天都要打上一两个小时的算盘。他不在时，还关照当时账房先生教我。可能是珠算给我打下的基础，后来我的数学一直好于其他功课。

有强烈求知愿望的他，一面当学徒，一面学习文化知识，他不仅阅读了大量的古典文学名著，还学了社会发展史、哲学、经济学等，在随后的工作中，又如饥似渴地学习了机械知识、水电知识和绘图知识。我经常听他对我们说的一句话就是"努力呀，努力！"这句话至今仍然回响在我的耳边，激励着我的学习和工作。

旌德光明公司当时使用的柴油机是德国生产的，长期使用就有一些零件会损坏，像婆司这种零件，一旦损坏，常常需要到几百里以外的芜湖、无锡修配，一来一回得好几天，既耽误发电又影响加工，父亲看在眼里，急在心里，就试探着向维修师傅请教，人家不愿教，于是父亲与同去的师傅就偷偷地跑到车间，看着人家怎样浇铸，怎样加工，回来后就自己摸索，终于解决了这一技术难题。因此受到工人的尊敬。

20 世纪 50 年代，由于汽油、柴油紧缺，公路上跑的汽车都背上个大气包，或是在汽车尾部装上个一氧化碳发生炉，改用木炭做燃料。为了装上这种发生炉，父亲利用所学的知识和其他技术人员一道参与改装。那时我正好学校放假在家，也跟着去看，就在改装一氧化碳发生炉时，他长时间站在炉旁，一氧化碳中毒晕倒在地，不省人事，吓得我当时就急哭了，幸亏有很多工人在场，立即将他抬到室外，才将他从死神那里拉了回来。父亲就是这么一位投入全身心钻研又敢于拼搏的人。

1956年，旌德县粮食加工厂第一次技术改造，新来的厂长方来喜与父亲商讨改造方案，并让父亲画出图纸，他就买来三角板、丁字尺、圆规画起了草图。一天晚上我去他办公室，看见他在画图，就好奇地问他怎么会画机械图，他告诉我是从谭老师那里学的，还告诫我：任何事情不是天生就会的，像人走路也是一步一步学会的；有许多事情自己不会，只要自己虚心去学，认真去学，就一定能学会。后来我才知道他的绘图知识是担任旌德县水利委员会副主任时参加修水利跟着别人学的。

"大跃进"的年代，旌德县开始修建第一个水电站，不知是当时没有水轮机供应，还是县里资金不足，请来木工做木制水轮机，父亲在一旁悉心指导，终于成功地将木制水轮机做出来了，还发了电（不过由于材料的原因使用不久就坏了，以后才改用铁制水轮机发电）。父亲告诉我，这些知识有的是他从书本上自学的，也有是向其他技术人员请教的，他那刻苦学习、不断进取的求知欲望一直在潜移默化地影响着我。

由于家庭出身的原因，我高中毕业时尽管我成绩不错，却没能考上大学，就参加了工作。上大学一直是我的人生目标，受到父亲的启发，我并没有气馁，坚持在工作中不断学习积累。20世纪 80 年代初，我已是三个孩子的父亲，工作也很忙，经常出差，但父亲从小给我的教诲激励着我，我就利用业余时间，历时三年学完了大学专科课程，参加了全省成人自学考试，顺利取得了大专学历。2000 年我退休以后，朋友请我帮忙，我走进了现代化的办公室。这时办公都使用电脑，不会电脑就像以前不会写字一样，我就又自学起电脑来，现在已能熟练地用电脑办公。仔细想来，我的自学能力可能就有父亲的遗传因子，也来自父亲自学精神的熏陶。

父亲最可贵的精神还表现在追求进步，热爱党，积极响应党的号召。他自从与共产党员王惕之（后改名于岩）交上朋友，受到王惕之的启发，读了一些进步书籍。受他们的影响，在年轻时期就拥护共产党的主张，成了中国共产党的一位忠实朋友。抗日战争期间，他宣传、动员进步青年参加抗日，在光明公司内设"救亡书店"，派销《新华日报》汉口版、重庆版（《新华日报》是中国共产党在抗日战争时期和解放战争初期，在国民党统治区公开出版的唯一的报纸，该报于 1938 年 1 月 11 日在汉口创刊，于同年 10 月 25 日汉口沦陷后迁至重庆继续出版，直到 1947 年 2 月 28 日被国民党反动派强迫停刊），派人给新四军送书刊文具，受到国民党政府"纠正纷歧错杂思想"的警告。新中国成立后，他协助政府恢复生产，参加救灾和兴修水利，响应党的号召走社会主义道路，率先将光明公司改组为公私合营企业，还当选为县人民代表和县政协委员。在"左倾"思潮膨胀的年代，父亲历次政治运动虽都受到批判，受到冲击，受到不公正待遇，父亲仍然相信共产党。我们做子女的在那时都有些想不通，他还告诫我们：不管在什么时候都要相信，我们党会把问题搞清楚。正是在他对党的一片赤诚忠心的教育影响下，我们子女中先后有 6 人都加入了中国共产党。

从父亲、母亲平时点点滴滴的交谈和在"文化大革命"审查父亲参加"战地服务团"活动中，我才更多地了解到父亲在年轻时的爱国热情。父亲之所以离开歙县到旌德创办光明电灯公司，是因为读了《社会进步史大纲》《社会问题大纲》《资本主义的发展及其没落》《经济学的基础知识》等进步书籍，想另走一条"实业救国"之路，但这条路在新中国成立前是走不通的。他深有体会的在回忆文章中写道："旧社会私人办工业道路曲折，只有在新中国成立以后，由于党和政府对私营工商业的社会主义改造政策的英明，才能走上社会主义的康庄大道。"父亲的一言一行都体现了他的一片拳拳爱国之心。

父亲作为一名商人，继承了徽商诚信经营的传统，经营中只获取正当的利润，从不谋取不义之财。抗日战争爆发后，外地物资运不进来，物价上涨，本地农副产品运不出去，价格下跌，民不聊生，他便大声疾呼"严禁奸商垄断居奇，投机操纵，实施物品平价制度"。他创办的光明公司在粮食加工中，对农民一直开展以稻换米业务，不管是丰收之年，还是大灾之年，始终是按 100 斤稻谷换 70 斤米的方式保持稳定，从不因丰年稻谷产量高而压价。旌德刚刚解放，农业生产还没有恢复，农民生活十分困难，公司经营本身也十分困难，父亲诚信经商的理念从未动摇，仍以 100 斤稻谷换 70 斤米，使得几十里路之内的农民都把稻谷挑来换米。新中国成立后，在申请光明公司公私合营的商谈中，决定双方增资，光明公司要出资 10000 元。那时要拿出这么多资金真可谓困难重重，父亲四处奔走，从县工商联和石士彦那里解决了一部分；为使自己不失信于政府，他卖掉母亲辛辛苦苦饲养的十几头大肥猪，还动用了姐姐的陪嫁，才筹够资金总算把光明公司公私合营的事圆满完成。

父亲还以乐于助人闻名。小时候，母亲曾给我讲过一件事。那是在新中国成立前，一位朋友（我记不清姓名了）家的孩子得了伤寒，病情危重，父亲得知后便立即去看望，回来之后二话没说，毫不犹豫地拿出自家备用的两支"盘尼西林"（当时药品缺乏，此药极其珍贵）给那位朋友送去，孩子用了药之后病情慢慢好转恢复了健康。这件事给我留下了父亲乐于助人的深刻印象。在我的一生中，我也一直以此为榜样。

抗日战争胜利后，父亲不与国民党政府合作，加上参加过抗日救亡运动，与新四军有联系，受到国民党政府监视、拘押，被迫离开旌德，在宣城西河开设大丰米厂谋生。宣城解放时，碰上一位国民党的马夫（四川人），因战争无家可归，父亲了解情况后就将其带回旌德，想方设法帮其谋生，直至这位外乡人去世。父亲一生节俭，在光明公司公私合营后，全家都依靠父亲微薄的工资过日子，生活并不富裕，父亲也没有一件像样的衣服，记忆中长年穿着的唯一一件"涤卡"中山装还是姐姐给买的，我给他买的一条"氨纶"线裤也穿了十几年，全家平时粗茶淡饭，但父亲只要看见别的同志有困难，总是伸出援助之手去帮助他人。在芜湖工作期间，与他共事的有一位同志家里有5个孩子，60年代初，物价非常高，生活十分困难，父亲得知后就尽其所能接济他，使他的孩子们安心上学，帮助他渡过了难关。

世上最痛苦的事情莫过于失去亲人。1984年1月14日上午，我在南京参加一个会议，刚坐下就来人喊我接电话，电话是家里打来的，夫人告诉我父亲去世了。噩耗来得如此突然，我怀着沉痛的心情紧赶慢赶，那时的交通条件比现在差多了，直到第二天下午才赶到家。没能在父亲临终时尽孝，是我一生的遗憾。

父亲生活在社会变革的动荡年代，没有做出轰轰烈烈的事业，但凭着自己的执着和追求，从自己做起，从小事做起，一辈子辛劳，做了一些对国家对人民有益的事情，刚刚改革开放却因肺心病突然辞世，永远地离开了我们，没享受过一天的福。现在我们及我们的下辈都生活得很幸福，为缅怀、纪念他老人家，我们学习他，也奉献出自己的一点爱心，捐资助学，倘若父亲九泉之下有知，一定会倍感欣慰的。这也算是尽了我们子女的一份孝心吧。

2007 年 7 月 20 日于上海

印象父亲

许坚定

　　现在我才真正体验到"父母是孩子最好的老师"这一真谛。我们已经步入夕阳无限好、已是近黄昏的年龄，有理由来看看自己走过的路：在父母的呵护下健康地长大；在父母含辛茹苦劳作中获得受教育的机会；在父母的倾力帮助下成家立业，还是父母精心照顾了我们的孩子，才使我们有更多的精力投身到工作中，为社会做了一些贡献。还有比这更重要的就是在和父母生活相处的日子里，他们的言传身教让我们耳濡目染，使我学会了处事、待人、接物、行为规范等等，这就是塑造人的品质，锻炼大智慧，明确大方向的精神传承。在我们回顾自己的生活轨迹，分享这些成果时处处看到了父母亲的影响在自己身上留下的印痕。

　　我和父亲在一起生活的日子是断续而短暂的，即使是这样，将这些断续的生活碎片串联起来，也使人看到了一个积极向上、奋斗而刚毅、谦和而节俭、克己而助人的印象父亲，他把自己的一生奉献给了为之奋斗的光明和进步，家庭和挚友。

小时候家里有一种叫"同盟"牌的香烟纸盒，我把它用线订起来做算稿纸，有时候还把上面印着的国旗图案剪下来贴在书本的封面上，玩耍时又用它折飞镖，大人告诉我，这是当时父亲开办的工厂生产的一种鼓舞民众抗战斗志的香烟。

小时候我睡的房间里堆满了报纸和书，识字有限的我勉强认识那报纸是《新华日报》，那成堆的书中有马克思、恩格斯、列宁的书，大人告诉我，那是父亲开办的一个"救亡书店"，传播马列主义和解放区消息的书刊，母亲告诉我白色恐怖时期，这些书都是放在墙的空斗里，现在我身边还珍藏了这些书，有《资本论》《反杜林论》《哲学之贫困》《社会学大纲》等，再过几年这些书的年龄也有 100 岁了。

大人还告诉我：为支援新四军，父亲带着挑夫，昼夜翻山去泾县茂林、章渡，为抗日战士运去稀缺的文具、药品等，父亲还鼓励几位学徒参加了新四军。

至于父亲早年走的那条"实业救国"之路，在交通极为不便的条件下在旌德开办的"光明电气股份有限公司"，把德国西门子公司生产的柴油发电机这一庞然大物怎么运进山城的（仅内燃机上的一个飞轮就有一人高啊），于我而言，至今仍是一个谜。

新中国成立后，我也开始能记事了，印象中我家公司门口成天都是难民、灾民堆聚在一起，等待救助，那时父亲在旌德县救灾委员会服务，整天忙于募捐、赈济这些难民，后来又当上县水利委员会副主任，从打烂的一个旧世界里去建设一个新世界，他所做的这些工作在当时是多么迫切啊！那时印象中的父亲起早贪黑，足不离地，但很少有机会和我们在一起吃饭，母亲把留给他的菜放在铁锅的饭上，不让冷了。但是我从他的面容和神态上感到他干得是那么起劲、那么舒畅。

此后不久，我便离开了旌德，离开了父亲去外地读书，一直到高中毕业。那一年我没考上大学，回到旌德后，当时具有高中毕业学历的人在社会上找一份像样的工作是很容易的，但父亲力劝我去学木匠手艺，甚至连师傅都给我找好了，父亲对我说："一个人的高低贵贱是看他对社会的贡献而论长短的。"果然，我在学艺磨炼中，学到了我这辈子享用不尽的最珍贵的东西。以后，我又考取了大学，此次离开家，一直到参加工作除了节假日抽空来看望双亲，就再也没有更多的时间同他们生活在一起了。

1981 年以后，我和坚卓都在屯溪工作，父亲退休后，为了方便照顾他，便举家搬迁到了屯溪，已有古稀之年的他，受改革开放春风的感召，和母亲在家里办了一个家庭养鸡场，用自己的辛劳和探索去寻找生活的乐趣。

生活上，印象中的父亲一是起居很规律（近乎刻板）；二是生活简朴，每餐饭都是认定那只碗，不管餐桌上是丰盛还是简单都严格定量；抽烟也严格定量，一支烟分两次抽；每天早晨一杯淡盐水雷打不动；不论春夏秋冬都是在晚饭前在没有取暖的条件下盆浴；晚饭后一份报纸几乎一字不漏地看完；隆冬季节买块毛巾御寒，过了冬天又成了洗脸巾……这些生活中的点滴反映了他一生严谨、简单、刻苦的人生品格。

诀别，永远也不会忘记的那一天，父亲平静地走了，永远地离开了我们。1984 年 1 月 13 日，听说父亲病了，踏着三九隆冬寒气，晚饭后，我约了一个当医生的朋友去看望父亲，他和往常一样坐在一盏昏黄的灯下看报纸，面色略带疲惫，问了他的病情，他只是轻描淡写地说："没有大碍，只是偶感风寒，肺里有些炎症。"医生用听诊器检查了他的心肺后，建议他去打针，他只是说已经吃了家里备的药，天黑了，路不好走，还是看明天的情况，若没有好转再去打针。我看父亲决意这样，就没有再坚持。我们的到来，父亲很高兴，和我们侃侃而谈起来，那天晚上话题很多，从时事、改革、屯溪市面貌变化一直到朋友老家篁墩当地的典故等，谈得那么投入，最后我看时间不早了劝他早点休息，才打住话题，与他告别，谁知这一告别，竟然成了与父亲的最后诀别。第二天早晨，天刚刚亮，一阵急促的敲门声把我从睡梦中惊醒，当我赶到父亲身边时，他已经在冥冥之中，肢体发冷，胸口还有些微热，在邻居和朋友的帮助下，跑步抬着父亲送往医院抢救，医护人员忙乱了一阵对我说已经不行了，我哀求着医生再努一把力，医生又用心脏起搏器试了几下，最后无奈地对我说："我们已经尽最大的努力了。"

当这种毫无思想准备的噩耗降临在我的头上时，我崩溃了，瘫倒在地上。

我是父亲的儿子，他不仅给我生命，还用自己的一生，有形的、无形的教诲了我做人之道，现在我已步入做父亲、做爷爷的花甲之龄，我们就像是一支接力棒，从前辈那里继承下来的宝贵的精神财富，在我们手中与时俱进、发扬光大，再传给我们的下一代，让一代又一代家旺、国兴。

2007 年

我眼里的外公

汪谷震

　　在我眼里，外公是一位有思想、有毅力、有风范、有爱心的人。

　　大致算来，我在旌德学习、生活了九年：小学一年级到三年级三年；高中大约两年半时间，不到三年，我把它算作三年；然后在旌德插队三年。这9年是我接触我外公、外婆最长的时间，现在回想起来，不知用什么语言才能准确表达自己的感受。对于我的外公，我想说四句话：我外公是一个有思想的人、有毅力的人、有风范的人，还是一个有爱心的人。首先，他是一个有思想的人。他早年接受新思想，追求进步、爱国忧民、投身实业，怀有那个时代进步青年"身无分文，心忧天下"的情怀，在旌德做了很多有意义的事情，有些事是开旌德历史之先河的。第二，他是个有毅力的人。这是我接触他给我印象最深的。毋庸讳言，我与外公相处的时间，是他身处逆境、被打入历史另册的时候，每次"运动"他都是"运动员"。在我印象中，还记得小时候，外婆领着我去给我外公送饭的情景，当时他被关在粮食局的隔离室里。即使面临那样的压力，我外公依然矢志不渝，相信政府、相信人民、相信历史。我常常想，那个时代以阶级斗争为纲，现在我们要发展经济、构建和谐社会，我们今天处在这么好的时代，这是我们这一代比老一代的历史幸运，是多么难得的时代机遇和历史环境。第三，他是个有风范的人。他干了一辈子实业，我的外公在我的印象中除了勤奋、好学、就是律己甚严，他没有任何不良嗜好，从来没有什么打牌、打麻将这样的事。他的业余时间，在那个年代，读报是莫大的精神享受，下班后种种菜园。所以我从我外公身上感受到一种传承，一种延续。第四，我要说我的外公是个有爱心的人，其实我的外公在外人眼里他是个非常严肃的人，不苟言笑。曾经有人说过一个笑话，说左右隔壁邻居的小孩哭闹，只要提我外公的名字小孩就不敢哭了。记得有一位著名实业家留给子女一个座右铭，说："事闲勿荒、事繁勿慌，诚信为本、无欲则刚，和若春风、肃若秋霜，取像于钱、外圆内方。"说做人要像铜钱一样，外面是圆的、内心是方的。外公对我们要求非常严格，但是对下一代充满了爱心。我记得我在旌德生了场大病转院外地治疗，他知道后，不顾高龄和路途遥远，赶到医院去看我。外公对我们的关爱是多方面的，这里仅举一例。

以上四句话，是我对我外公的一点肤浅的印象，可以说是"我眼里的外公"。

2007 年 11 月 10 日

（本文据作者在"纪念许普澍先生诞辰100周年座谈会"发言摘编）

怀 念 外 公

汪啸洋

　　我的外公离开我们已经 23 年了。时间的推移并没有磨灭我们对逝去亲人的怀念。每当提起"老家"，每次回到"老家"，每回在自己曾经生活的土地驻足，在满眼徽派建筑的深宅大院前，一种无言的惆怅却刺痛着我，徽州大地我上哪去寻找让我怀旧追思的故园，我那魂牵梦萦的老家，我童年生长的地方，究竟是哪方水土，哪些个家园，哪片砖瓦，引以为自豪的"徽州人"，我的根扎在哪？

　　我自己已记不清究竟在外公外婆身边生活过多少年。幼小的事，脑海中只有模糊的记忆。倒是"文革"中我父母下放旌德县庙首，我已长大，发生的一些事印象清晰些。在追忆之中，我努力在自己脑海的内存中搜索，找寻着记忆散乱的珍珠，小心地将它串起，用以纪念他老人家。

　　现在我手边只保留着外公写给我和启冬的 8 封亲笔信，这是

1982 年 11 月至他去世前写的。他那独特的字体（我感觉应属于隶书）和语言至今读来别有滋味，看着这些信件，外公的形象有所转变，这分明是慈爱的长辈在叮嘱着我们学习进取。这珍贵的遗物对我来说真是"家书抵万金"了。

似乎没有能找到一张我与外公外婆的合影，但外公的形象却在我的脑海中定格成永远——一身灰旧的中山装，上面落满一层灰，那是粮食加工厂车间带出来的粉尘，一双黑布鞋也同样沾满灰尘，花白的头发与身上的粉尘倒成了"交相辉映"，那略带倾斜的走路姿势，我实在无法形容描述，然而给我印象最深的是他那双炯炯有神的大眼睛，威严的背后包含着太多的坚毅与不屈。思念中的我仿佛又回到当年，瑞市桥头的那幢老屋，我坐在门口的石门槛上张望着，暮霭中外公拖着疲惫的身子就这样向我走来……

他老人家坎坷的人生如今我只有从父亲撰写的文字中了解一些，要想真正搞清楚他到底受到多少不公正的待遇似乎是不可能了。因为从我在他身边开始，他永远是在车间劳动。当时我并不懂得什么叫"改造"，但即使"文革"那样极"左"的年代，我脑子里始终无法把勤恳劳动的外公与"吸工人血"的资本家画等号。外公的节俭非现在人所能想象的，在我童年的记忆里，那"美孚"煤油箱里装着的炒米糖是我永远不变最奢侈的零食——每天下午放学两三块；铅笔、文具是严格控制使用的；棉布鞋是他亲手钉的鞋掌，如果没记错的话，是用柴油机上损坏的传动皮带做的。我生不逢时，遇上那可使"万户萧疏鬼唱歌"的"三年自然灾害"，感谢外公，他做的米糠饼让我得以充饥，这让同在一个屋檐下挨饿的堂哥羡慕不已，尽管至今我想起来那个吃下去出不来的滋味还不寒而栗。外公不多话，从不和我们言笑，我们对他十分敬畏。饭桌上，他的座位是固定的，一边嚼着饭，眼睛转动着，想着心思，我们哪敢吭气。如今每当回想起来，我要诅咒那个年代，那个令人窒息的岁月，原来外公受到如此不公的对待，难怪他那样严肃，没有笑脸。否则我的童年在那青山绿水的黄山脚下，门前清澈的河水潺潺流过，落暮中打柴的村民从门口经过，外婆递上一碗茶，他们掏一把山楂野果给我，这世外桃源般的生活还不把如今城里的孩子羡慕死啊！

"文化大革命"中，应该是1969年冬到1973年夏，我父母下放回到老家。为了让我多学点文化知识，将我留在合肥读书。只有到寒假我才有机会去老家与父母亲人团聚。虽然当时家庭都受到牵连，人人自危，但亲戚一大家聚在一起也算其乐融融。那时读书无用盛行，反正也不用学习，十多岁的我，带着一帮表弟妹整天围着外婆锅台转，看她又给我们做什么好吃的，或是穿过那座古老的石桥去我爷爷家玩，全不知大人们心中的烦闷。记得那时外公总是紧锁双眉，那只不知道用过多少年的铁皮烟盒里总留着半支熄灭的香烟。外公说话不多，与家人吃饭是最好的交流机会，但我记得他总是端着碗，边吃边听，略侧着头，一双眼睛随着他思索转动着，每次总是他最后做总结性的发言，他操着徽州普通话，我准确地记得总是这样开始他的发言的："这就是XUE（方言，"XUE"音同"说"）……"他那精辟和毋庸置疑的发言令人不得不折服。至今我们都不得不佩服他那坚定的信念，相信共产党，毫不动摇，从不怀疑，不论受到怎样的不公他都能接受，这是我们后代今天认为外公的可悲之处。当然，在他经历的那么多运动中，如果他不这样认为，没有这样的信念，结果又会是怎样呢？

　　总算盼到云开日出、舒心透气的日子。1973 年我父母调回合肥，回原单位重新工作。当然真正雨过天晴是改革开放的春风吹进深山大地，那时外公已退休，和外婆一道随舅舅们来到屯溪生活。而我也进工厂当了工人。1978 年全国恢复统一高考，我拼搏努力参加了高考，在报考学校选择上，因为外公的旧友在南京药学院工作的原因，我填报了这所不大引人注意的学校，还真被录取了。接到喜讯，外公外婆格外高兴，因为当年高考可是几十人里取一名，可谓大浪淘沙。我及时写信在报告好消息的同时感谢二老从小对我的培养教育。我能如愿以偿考上大学，这对外公外婆来说是件值得宽慰的事，也算我这个外孙女给他们争了口气，对他们最好的回报吧。

　　进校后，遵照外公的嘱咐，我分别去拜访了外公的两位旧友，他们都是旌德人。南京药学院的党委书记、院长江守默，当年是外公支持他参加新四军，走上革命道路的。我清楚地记得江院长十分崇敬地对我说："你外公真是个难能可贵的人……"他是一个极其正统的马列主义者，在学院享有极高威望。外公去世时他发来吊唁信说："普澍同志热爱国家、热爱共产党、热爱社会主义……"这些是对外公最好的评价和肯定。另一位老友南京药学院党委委员、图书馆馆长王冰，他为人耿直，"文革"中不堪屈辱而落下残疾，他爱人是山东人，待人热情，几次过节约我去他家做客。获悉外公去世他第一时间发来唁电并送上花圈表达对老友的怀念之情。

　　由于"文革"的耽误，我入学时已过 23 周岁了，早就到了谈婚论嫁的年龄。我的婚事自然成了全家关心的问题。在校学习中，我与同学启冬产生了感情，擦出了爱的火花。启冬为人忠厚，有极强的上进心，学习成绩全校名列前茅。我与他同窗共读，有着共同的爱好和脾性。1982年上半年，我们进行毕业实习，我被分在上海第六制药厂实习，启冬留校在药化教研组实习并参加硕士研究生入学考试。4月份，我接到爸爸来信，说母亲要陪外公外婆来南京看老朋友，同时也来"审查"一下未来的女婿。接到消息我们又是高兴又是紧张。但我在上海实习不能回宁，只有让启冬一人面对。启冬为他们安排了住处，学校招待所条件虽差，但那时的状况也只能这样。启冬对他们的照顾自然是尽心竭力，陪他们游览了中山陵、玄武湖，还想方设法向同学借来了现在早已淘汰的120照相机替他们合影拍照留念。

我不知道这是不是外公外婆唯一的一次旅游，照片上的外公神采奕奕露出了难得的笑容，照片放大后一直放在我家办公桌玻璃台板下，父母时常看到。至于对启冬的考察，据说外公十分满意，给予很好的评价，他们的首肯对于我们的婚姻起了决定性的作用。我应该感谢外公，不看门第，注重人品，锁定了我终身的幸福。

外公的思想极其活跃，一辈子都在尝试新的事物，按照现在时髦的说法是创新意识很强。记得我小时候他来合肥参加农业科技展览，参展的是什么"米糠油"，说是从米糠里提炼的。我想这玩意现在一定很有保健价值，他超前的意识可见一斑。也许是改革开放冲破了他思想禁锢的牢门，一时间什么"松针叶做鸡饲料添加剂""蚯蚓养鸡""红茶菌培养"……他的科研项目很多，科学试验不断。我记得外公外婆到屯溪后养了许多鸡，还到外地学习取经（好像是去了绩溪某地）。1982年夏，我随父母亲去看望他们，外婆煮了好多五香鸡蛋，外公还特别对我说："自己家鸡生的蛋，多吃点。"当然我们也支持外公的科研活动，给他带去了红蚯蚓。看到他乐此不疲的精神状态，我们很高兴。

外公对我们的关怀更多的是对学习和前途的指引，启冬考取上海医药工业研究院研究生，在沪攻读学位，外公去信时鼓励要他"竭自己一切力量追求努力学习"，"现在是要放开手脚，自己找精神食粮，吸取营养来壮大肥沃，为将来拼搏打下良好的基础。"要他"勇攀高峰获取最高学位"。对于外公外婆的养育之恩和关怀鼓励之情，我们时刻记在心里，我们当时生活十分艰难，工作不久为表孝心，启冬仍从上海购买了食品寄给他们。

当我们确定1984年春节前趁启冬寒假在其家乡江苏泰州举行婚礼时，外公外婆十分高兴，在我们珍藏的几封外公亲笔信中就记载这感人的亲情。外公在1984年1月6日写给启冬的信中表达了对我们结婚的祝福，说是"完成百年好合这是天大的喜事"，并称"衰朽之躯不能躬与其盛，良为抱憾"，并作了一首诗作为贺词：

才华横溢博青睐，切磋互勉意气高。彩车千里严亲送，喜看织女赴佳期。新年花锣夜，千里接婵娟。但愿人长好，幸福永绵绵。

我不知道这算是外公诗词中的第几首，真不知道他还有这样的才华，但可见他老人家当时喜悦的心情，也不知是不是他老人家的绝笔，但我敢肯定结婚时能享受外公贺诗的我辈人中我是唯一享此殊荣的。然而，就在这年冬天，雪下得特别大，天气也格外寒冷，也就在他给我们写信赋诗的第8天，1月14日外公因心肺病突然去世，永远离开了我们。我不知道那夺去外公生命的肺心病是不是他长年在那弥漫粉尘的米厂粮食车间里劳动留下的职业病，但至少没完没了的劳动改造严重摧残了外公的身体，折磨了他的精神，否则他应该是长寿的，他那百折不屈的身躯怎么会轻易倒下呢？何况他刚刚过上舒心的日子啊！

今天，我们后辈都有各自的事业和美满的家庭，但对先辈的怀念依然，思念无尽，亲情永恒。在外公外婆的墓地，那青山绿树怀抱之间，操劳终生的两位老人得到了安息。在外公百年冥寿之时，清明前夕，我写上这些不知能不能表达出对他老人家的怀念，但总算我内心情感的一次宣泄，无论怎样，我心里希望它能化作祭奠的纸钱供于他们的墓前。

2007 年 3 月 21 日于南京

和爷爷一起生活的日子

许向农

　　在我有记忆能力之时起，一直就感觉到爷爷是一个和蔼、严厉、严谨、正直、谦虚、节约的人，应该说很多好的词语都可以用在他身上。不是爷爷对我有多好，或者说我一直和他一起生活而这样说；许多和他有交往的人应该都有此感受。一想起爷爷，爷爷的身影马上就会在我的脑海里浮现，身穿灰色中山装，脚穿奶奶做的一双布鞋，花白的头发，中等身材，高高的鼻梁，面相慈祥，这一切在现在人看来，爷爷年轻时肯定是个美男子。

　　爷爷的老房坐落在旌德县旌阳镇瑞市桥边的一座二层木质瓦房，我也不知道是什么时间建的，房子背后是一个小院子，里面养了很多鸡（鸡是每年都养）、猪（养过一两年），院子后面是菜园地，种着多种蔬菜，这些食品，在20世纪70年代基本保持自给。爷爷每天早晨起来的第一件事是放鸡，然后给鸡喂食以及打扫院子，然后吃过早饭去上班，下午下班之后就去菜园地里浇菜、锄草，干完了活然后洗个澡才吃晚饭，吃过晚饭到睡觉前就坐在家里看报纸。《文汇报》每年都订。我每天晚上就在他的旁边做作业，当时学习的气氛不浓，作业也不多，所以爷爷也给我布置一点家庭作业，什么抄抄成语，写写毛笔字。由于当时自己不认真，毛笔字也没写好。由于整天地忙于工作，有时候爷爷看报纸时也打瞌睡，但一会儿就好。报纸的每个细节他都要看到。我的作业完成得怎样，他都要检查一遍。我们爷孙每天晚上这样地生活，一直持续到我上高中之前。爷爷的生活每天很有规律。在我印象中，爷爷是一个很会调节的人，每天都学习、劳动和休息，井井有条。

他每天抽三根烟，当时"大前门"香烟很难买，爸爸、大伯、叔叔总是找一些关系把烟买来。他做任何事都很认真，种菜、养鸡、培养红菌茶都很讲科学。我们家的鸡每年都打预防针，也几乎没有发过鸡瘟，他还给鸡吃蚯蚓，使鸡长得更好。想想爷爷几十年如一日也真能坚持，我想如果等我退休后，能做到他的一半就知足了。

在我们今天看来，爷爷虽然没享一天福。从父辈他们那里得知，爷爷的一生正赶上了中国封建社会到社会主义社会的变革阶段，当时的物质生活、文化生活、精神生活都很不丰富，爷爷从来没有享受过，他把自己的一生奉献给了社会、家庭，做了很多有益于社会的事，但从来就没有去索取过什么。在他的言行指导下，子女们都很争气，都成了对社会有用的人。

爷爷对我们第三代，教育也很严格。记得小时候，有一次父亲要带我去看电影，因为我作业没有完成，他坚决不允许我去，父亲也不听，就去帮我换衣服，他跑过来把衣服往床上一扔，发了很大脾气，我也是第一次看见他发那么大的脾气。从那以后，我再不敢不完成作业去干其他事了。

爷爷还是一个很节约的人。20 世纪 70 年代什么东西都是定量供应，米、油、布等等都要凭票购买，我一直和爷爷奶奶在一起生活，每天吃饭都在一起，爷爷吃饭从来不浪费一粒米，吃完饭的碗还要用开水把碗里的油洗了一起喝掉，这也许是他们那些经过战争年代、困难时期人的本质。回想起来，爷爷那时的生活、工作是那么平淡、健康、满足，也是我们现在人很难想象的事。

我 7 岁时生了一场大病，不是爷爷的坚持我可能早就不在人世了，是爷爷给南京的同乡写信，爸爸带我到南京治病，才有了我的今天。我的生命是父母给的、爷爷挽救的，每当想起爷爷，内心总有那么点愧疚。爷爷去世时，我在合肥读书，正好赶着期末考试，家人没有告诉我，没能给爷爷送终，这是我的一件憾事，所以我每年清明要按时给爷爷奶奶扫墓，一是悼念和缅怀；二是请他们保佑子孙平安幸福，也把自己的事业成功和困难向他们诉说，请他们放心。安息吧，爷爷、奶奶，我们不会辜负你们的期望教诲，会堂堂正正做人，踏踏实实做事，会做一个对社会、对家庭有益之人。

2007 年 7 月 20 日于安庆

记忆中的爷爷

许向东

　　爷爷是在我刚懂事的时候离开我们的。走得很突然，事先没有一点征兆。记得那是一个冬日的傍晚，我像往常一样放学回家，走到家门口的小巷，碰见了低垂着头的弟弟，我见他神情不对，就问他："荣荣，发生什么事了？"弟弟悲痛地告诉我说爷爷去世了。我当时一点都不相信，立即呵斥弟弟："你别瞎说！"但我看弟弟的表情十分低落，呆了一会，心想这恐怕是真的。接着弟弟又说："妈妈不在家，让我们晚上在隔壁苏妈妈家吃饭。"听到这，我快步跑回家，邻居苏妈妈告诉了我一切，我才相信爷爷是真的离我们而去了。当时爸爸还在南京出差，爷爷就这么说走就走了，那是 1984 年的 1 月 14 日。

　　时间过得真快，算算爷爷离开我们已经 23 年了，我也从刚刚懂事的孩子步入了中年。提起笔，爷爷的形象就立即浮现在我眼前：坚毅的眼神，平日不苟言笑，微驼的背影，走路铿锵有声。但想来惭愧，爷爷并没有给我留下太多深刻的记忆，记起的只有一些和他生活的点滴片段，我任思绪飘飞，将这点点回忆拾起……

我出生在旌德，是爷爷创业的地方。县城不大，爷爷奶奶住在瑞市桥边的一所老房子里，有一条小河从门前流过，这是一座典型的徽州小城。那里留下了我童年生活的美好记忆。寒暑假的时候我和弟弟常住在爷爷奶奶这边，那时爷爷的不公正待遇刚得到纠正，在县粮食加工厂担任副厂长。爷爷每天的作息很有规律，每天天刚蒙蒙亮就起床了，帮奶奶做点家务活，种种菜园子，喂喂猪和鸡，然后吃完早饭步行去厂里上班。每天下班后也帮着奶奶做活，吃完晚饭后就戴上老花镜坐在堂前看报。当时信息通讯不发达，看报是了解国家大事和时政的唯一渠道。爷爷看报很仔细，经常看的是《人民日报》《安徽日报》《文汇报》等报刊，每一版每个角落都会详细阅读。由于白天上班干活比较辛苦，爷爷在看报时偶尔会打瞌睡，我们几个孩子看见了也不敢出声，就悄悄地去告诉奶奶，等我们回来时爷爷已经醒来，又十分专注地在看他的报纸了。

爷爷名字叫许普澍，小时候我总联想为"朴素"二字，确实爷爷的生活十分节俭，衣食住行都极其简单，用这两个字形容非常妥帖。春秋天常穿的就是一件蓝灰色的工作服（下班回来经常是一层白白的粉尘），夏天就是白色老头衫，自己做的圆口黑布鞋，走路很快，铿锵有力。饮食上粗茶淡饭，他吃完饭的碗从不剩一粒米饭，还要再倒点开水冲一下喝掉。每天定量只抽三根烟，小时候我喜欢玩爷爷装烟的烟盒，经常看见抽了剩一半的香烟，他都要留着下次再抽。

爷爷不苟言笑，留给我的印象是威严的，我们从心底里对他有些惧怕。爷爷是一家之主，平常话不多，但说话算话，他说的话一般没人敢反驳或是不听。爷爷和我们孙辈交流不多，日常起居生活都是奶奶操心安排。有时我们去看他，爷爷也只是很平淡地问一句："你们来啦！"偶尔也会问一下我们的学习成绩，说一句"学习可要努力"，就不再说什么，自顾自干他的事去了。我们对爷爷是既敬重又害怕。爷爷奶奶有时会让我们帮忙做些家务事，比如扫扫地、擦擦桌子什么的，或者是抬水浇菜园子，一般只要是爷爷安排的事我们几个孩子都很快就干完了，一点也不敢怠慢。夏天的中午，他一般都要午睡，孩子生性顽皮有时会打打闹闹，只要爷爷说一句："赶紧睡觉！"我们就再不敢出声乖乖地就睡了。其实现在想来，爷爷也没对我们发过脾气，对我们孙辈也是极尽呵护和照顾的，但不知为什么我们会有那样的感觉，可能也是因为耳濡目染了别人对爷爷的崇敬吧！

爷爷在家族中和当地都很有威信。一般家中的大事都是他决定，亲戚家中有什么事不好处理了，也会来请他去解决。在我刚一岁的时候哥哥生了一场大病，看了好几家医院都没法治愈，而且还断定哥哥的病是癌症（其实后来确诊为"胰腺假性囊肿"）。当时因为经济条件很艰苦，好多人都劝他们放弃治疗，但爷爷坚决不同意，说就是倾家荡产也要治。因爷爷思想进步，结交了好些有学识的朋友，爷爷给他们写信，终于得知在南京铁道医学院附属医院有过这样的病例，最终治好了哥哥的病。这些都是我懂事后听奶奶和父母亲说的。我想这就是爷爷坚定的信念支持带来的益处。我们小时候叫爷爷为"公公"，不知为什么这么叫，我也没问过大人，不过徽州人都称受尊敬的人为"XX公"的，现在揣摩起来许是因为对他的崇敬和爱戴吧!

爷爷生活在社会动荡的年代,一生奔波劳累,一生都在追求他的理想——实业救国。这些都是在爷爷过世后我从父母及叔伯长辈们那里得知的。抗战年代,他办烟厂,生产"同盟牌"香烟(我们家中现在还保存有当时的烟标并捐赠了一些给博物馆),宣传鼓励民众抗日;解放战争年代他给新四军送物资,为此还遭到国民党政府的监视和迫害。新中国成立后,他第一个响应政府号召,将企业公私合营,之后又改成国营;抗美援朝期间又带头捐款……动荡的年代,爷爷并没有积蓄多少家产,但为了信念,不惜舍弃个人私利苦苦追求,以至于很长一段时间都居无定所,直到20世纪60年代才花了点钱在旌德县旌阳镇瑞市桥置办了一处简陋的住宅,一家的生活才算安定下来,那时爷爷都已经56岁了。

爷爷在"文革"期间遭受到错误批判,听妈妈说那时旌德县只要一搞运动,爷爷就是第一个遭殃的人,经常被批斗和游街,我记事的时候已经过了那个年代,爷爷后来也平了反。但在我们小辈面前,他从未表露出怨恨的话语和情绪,还始终教育我们要热爱祖国热爱党。讲起爷爷这些事,真令我们这些做晚辈的自叹弗如呀!只是爷爷过早地离开了人世,要是他老人家长寿,看到社会经济的发展、科技的进步,我想一定是令他非常振奋的。这可是他一生的梦想啊。1980年,父亲从旌德调到屯溪工作,我们一家随后就搬到了屯溪生活。爷爷奶奶那时年岁已高,于是父亲和叔叔就将他们二老接到了屯溪,心想爷爷终于可以享清福了。谁曾想,这样的安稳生活还没两年,爷爷就因肺心病突然辞世,永远离开了热爱他的子女和晚辈,连晚辈们想尽孝心的机会都没有。有时候听大人们谈心说起爷爷："他老是一辈子辛苦，没享过一天福，连走也都一点都不麻烦人，真是好人呐！"朴素的语言真切地表达了对爷爷的钦仰之情。

爷爷是歙县唐模人，这里出了清初的同胞翰林，还有孝子商人为母兴建小西湖的故事，去唐模看看一直是我的一个心愿。我在外读书工作快 20 年了，加之父母也在上海工作，有很多年都没机会回老家，直到去年的五一节期间，我才和父母约好第一次去了老家唐模，在村中找个人随便一问，没想到爷爷的名气还挺大，竟有不少老人还知道。之后还去了一趟旌德瑞市桥，当年爷爷奶奶住的房子已改换门庭，和住在那边的人一聊，竟然也都记得爷爷和我们。世事变迁，不变的是对故土的怀念和对亲人的眷恋。如今我们孙辈在老家工作的很少了，都独自在异乡闯荡，生活得也算幸福美满，我想从某种程度上我们也受了爷爷的恩泽，他老人家的优秀品质也在潜移默化地影响着我们，鼓励我们努力学习，勤奋工作，诚信经商，宽厚待人……

2007 年 5 月 30 日于合肥

心中的太公

尤　佳

　　他，我叫他太公，是我妈妈的外公，我外婆的父亲。

　　在我出生前，他已经过世。所以对于他的记忆，来源于亲人口中诉说的故事，以及那张压在玻璃台板下泛黄的老照片。

　　太公是一家之主，在我想象中的他应该是严厉的、不苟言笑的。妈妈说家里饭桌上他的位置永远是固定的，吃饭的时候也总是沉默不语。这让我联想到电视剧《橘子红了》中那个威严的老爷。似乎也不尽其然。他终究是一个父亲、一个长辈，以自己的方式疼爱着、教育着、潜移默化地影响着自己的子女。常听外婆念叨起太公对她这个长女的宠爱。在外做生意的太公总会从繁华的江南带回稀奇的小礼物，就好比我小时候外婆传给我的长命锁。不知道是不是因为自己的钱财也是来之不易，太公似乎特别节省。听说舅舅小时候要了几分钱买个铅笔橡皮，还被太公叮嘱着"要开发票"。听说妈妈小时候家里放炒米糖的罐子，只有太公才可以打开，而每个小孩子也只能定量拿到两三块。我想大概是太公的一言一行给晚辈们留下了太深的烙印，于是今天的我们也秉持了他勤俭持家的传统。

我不知道经历了十年浩劫，经历了改革开放，今天的人们是怎样评价他老人家的。我不想给他戴上革命家之类的帽子。因为在我看来他只不过是一个商人，一个有着先进思想、想要实业救国的商人，一个信仰无比坚定的商人。

徽州自古便出红顶商人，虽然太公的年代已经过了"红顶商人"的清朝，虽然太公的家业比不上胡雪岩那般显赫，但太公实业救国的行为和信念却是我们后辈永远敬重的。

妈妈说，太公其实很像《茶馆》里的秦二爷。我不知道应不应该赞同。因为即便是我从未见过他，却也不想把如此悲剧般的角色安在他的身上。

太公开了县城里第一家也是唯一一家发电厂，好像是叫作"光明电灯公司"的。发电厂除了发电之外，白天还用机械为城乡百姓加工粮食、磨面粉。在现在看来，在太公那个年代，在那样一个小县城里，能意识到能源的重要性，能掌握发电技术，并利用其加工粮食，这样的思想已然是先进了。我想这个"光明电灯公司"为旌德县县城带来的"光明"，大概不仅仅局限于那几盏发光的电灯吧。太公相信实业救国，更相信共产党。听说他把自己的电灯公司捐给了国家，听说在他的扶持之下，许多人走上了革命的道路。记得小时候听外婆说故事，最惊心动魄的莫过于皖南事变发生后太公一家周旋于国民党的军官之中，掩护新四军撤离的故事了。于是，高中的历史课上讲到皖南事变时，我的脑海中模糊地浮现了唐模老屋的样子，心里却也不自觉地骄傲着，为我不曾谋面的太公太婆。我不知道，太公对于共产党的这种执着是不是影响了他的后代。但他对信仰的坚定，却不得不让我肃然起敬。或许，今天仍然会有人对太公的值或不值争论着。我也清楚地记得，第一次回到老屋，那大照壁上斑驳的大字报，以及大人们讳莫如深的表情。或许对于过去的一切谁都无法做出更加客观的评价。不如就让那些不太美好的记忆和那大字报一样湮没在我们的记忆里。

听爸爸妈妈外公外婆都说起，太公是个思想极为先进、活跃和开放的老人。这倒着实让我有些惊讶。因为这和电视里演的墨守成规、冥顽不化的老太爷形象大相径庭。除去实业救国不说，20世纪七八十年代的太公虽已年迈，却也兴致勃勃地搞起了科学技术。比如蚯蚓可以松土，却又是鸡的良好饲料，可以用来养鸡。再比如把米和糠分离，再从糠里提炼出油，作为食用。小时候，听爸爸妈妈说起时，总觉得他老人家的想法奇奇怪怪的。后来，中学生物课介绍到日本的先进生态食物链时，才由衷地佩服他老人家那先进的思想。我外婆算是那个年代极少数受过高等教育的女子，据说这便是因为太公的坚持。太公赞成外婆去读书，还雇了小毛驴作为"交通工具"，让外婆骑着去歙县城里念书。后来，外婆来到了当时的国民政府首都南京念了当时的"中央产校"。在那个"女子无才便是德"的年代，能供女儿读书，并一路从县城读到了南京，这样的思想算是极为先进了。而外婆不知是不是受到了太公的这种影响，每每也会对我说："女孩子也要用功，要好好读书。"现在的我，一路从合肥到南京，再辗转去香港、澳洲，不知这样的我算不算是在"好好读书"了。也不知若是太公地下有知，会不会夸我一句"师夷长技以制夷"！

恍然间，我又来到了太公家那歙县唐模的村口，回头望着，通往太公老屋的路。阳光将整个小村染成了金色。我仿佛看见太公穿着黑色的中山装，反剪着手，微佝着背，一步一步地朝我走来⋯⋯

2007 年 3 月 30 日于澳大利亚布里斯班

蹉跎岁月情意浓

纪灶浒 （口述） 吕能超 （整理）

　　我是 1951 年 11 月以旌德县店员工会第一小组长的身份被派到光明公司工作的。在这之前已听说光明公司是抗日战争前期由许普澍创办起来的。在不通汽车、没有水路的山区，将笨重的机器从外地运到旌德，机器用的柴油每天派人肩挑到旌德，其创业艰辛可想而知。

　　新中国成立前夕的一次遭遇，已使我对许普澍夫妇的为人早已铭记在心。1948 年年底，腊月寒天，我从绩溪金沙养病回旌，傍晚时分，我途经旌德俞村时，被国民党保安队扣押，经俞村一位熟人担保，几经周折，半夜才赶到旌德县城下东门城外。当时保安队为防新四军袭击，城门紧闭，把守严密，任我喊破嗓门城门就是不开。此时我又饥又冷，心想大病初愈，如果找不到一熟悉人家住宿避寒，恐怕一晚过来不饿死也要冻死。我万般无奈，心灰意冷，慢慢摸黑走到半里之外的光明公司门外，看见楼上窗户还亮有灯火，就忍不住大声呼救，只见一位妇女开窗问我缘由，我说明难处。不久，开门出来一位慈眉善目的中年男士，把我让进厂内，灯火之下，我不免有些局促不安，可这位男士却说："看小师傅有些眼熟，请不要拘束，今晚你就在此安心过夜。"时间不久，夫人又给我弄好了吃的东西，当我钻进温暖的被褥，跟身边一位工人模样的小伙子聊起来，我脑海里就深深刻下了一个名字——许普澍先生。

第二天是腊月初八，许先生夫妇又安排我吃完了腊八粥，才放心地让我赶回广丰糟坊去了，这是我在新中国成立前对许先生最深刻的一次记忆。虽然当时一般人都叫他许老板，称他为有钱人，可是在我这个小学徒看来，他却丝毫没有有钱人那种傲慢与矜持，有的却是中国老百姓的热情与善良。当时甚至冒出一个念头，我要是能有机会，一定要去光明公司当学徒。

当时旌德县店员工会把我派到光明公司去的目的，就是协助吴竞夫搞好光明公司的公私合营工作，吴竞夫是公私合营裕民粮食加工厂公股副厂长，许先生是私股副厂长。许先生这个人很开明，非常支持公私合营，并多次表示，个人财产一分不要，只要把公司工作干好。他的表态，对于别人来说感觉可能只是一个姿态，但对于我来说是深信其内心世界的忠诚与坦然。因为不管是新中国成立前还是新中国成立后，许先生常年穿的都是工作服，不怕脏，不怕累，和工人们一样地干活，丝毫没有老板的架子，特别是公私合营后，分管技术与食堂，更是不分昼夜，克己奉公。当时机器老化，很容易出故障，零件急需更换，身为副厂长，为了节约开支，经常一个人步行到绩溪县杨溪去搭车到无锡、芜湖、屯溪购买零配件回来抢修。有一次他带我去屯溪购买零件，到了中午吃饭时间，许先生和我一人买了一个大饼，两人合买一碗红烧牛肉；到了晚餐时间，许先生和我一人买了一碗光头面，再买一人一碟炒肉丝。边吃边聊之间，许先生笑着给我算了一笔账："我们今晚一人一碗光头面，一人一碟炒肉丝，合起来才三角九分，如果我们一人买一碗肉丝面，就要一人摊四角四分钱，一人多出五分钱不讲，而一碗肉丝面里面的肉丝还没有一碟炒肉丝里的肉丝多，你看哪种划得来？"经他这么一点拨，我不但感到许先生是在跟我讲为厂子节约的办法，更觉得许先生是在跟我讲为人处事的道理，更看出这位前辈勤俭节约、淡泊人生的高尚情怀，望着这位慈祥长者的面孔，我强咽下眼眶中的泪水。因为许先生也许不知道，当时的县店员工会，还在指望我这个工人出身的共产党员在即将开展的"三反""五反"运动中对这位昔日"资本家""运动运动"啊。

也许是许先生吉人天相，也许是许先生的为人早已使人佩服。在我们这个只有8名正式工人的裕民粮食加工厂内部，针对许先生的"运动"始终搞不出什么声色。我们除了白天繁忙的粮食加工外，晚上还要发电给县城单位和居民照明，根本没有时间顾及去批什么、斗什么。上级工会于是派出工作组，教我们怎么组织工人发言批斗许先生，可是到了开会时间，工人不是轻描淡写，就是东扯葫芦西扯瓢，怎么也组织不起一次像样的批斗会，倒是会上一位工人发言引起了大家的笑声，这位工人说："老许这个人是抠毛的，买什么工具都要算了又算，我们全厂正式工人、临时工人也有十几号人，却只有三把老虎钳，平常不敢轻易使用，可是，有一次，我到电线杆上抢修电线，非用老虎钳时，拿出刚用就掉进粪坑里去了，急得我赶紧下到粪坑去捞，怎么也捞不着，弄得我一身臭气熏天，等我跑到河边跳入水中，老许才知道，赶快拿来一块香肥皂让我洗，直到把一块香肥皂洗完，身上臭味才好一点。"透过工人们的笑声，我心中不由涌起淡淡苦涩，虽说我当时还没见过香肥皂是什么样东西，但那是老许夫人用的东西啊，他难道是想用这小小的恩惠来博得工人的欢心吗？他失去的已经太多太多，而得到的却是每次运动中被当作死老虎来无休止地批斗，尽管每次都不会皮开肉绽，却也屡屡让人胆战心惊。此后的形势又岂是我们这些平凡而善良的小百姓能够预料的，我只能在心底默默祈祷，像许先生这样开明而又乐观的老人一定会渡过一个又一个难关，但愿好人一生平安。

事实正如我所祈祷的那样，虽然经过"三反""五反""四清"运动……特别是"文化大革命"的冲击，许先生始终坦然面对蹉跎岁月的冲击与洗礼，他就像一块石头，一块天然形成的奇石，喜欢整人的人说他是一块茅坑里的石头又臭又硬，而我看他是一块激流险滩中的磐石，虽然历经洪水流沙的长期冲刷，变得千疮百孔，一旦把他打捞上岸，安放在底座之上，清洗他身上的污泥浊水，他就是一座雕像，一座让人仰视的雕像。为了让人仰视的雕像，我曾在工作组指派下于"运动"中绑过其他老板到批斗现场，但是，我却拒绝过让我绑许先生的指令，因为我不愿也不敢去亵渎我心目中这座让人仰视而又神圣的"雕像"。

2006 年 2 月

磨砺一生本色纯

曹石麟

 我于新中国成立前夕到光明公司当学徒，后于 1956 年参军、读大学，1959 年 10 月又回到粮食加工厂，先后与许普澍先生相处十余年。当时我响应党的号召，积极参加各项政治活动，所以对许先生平时所做的一些工作并不觉得有什么特别之处，有时甚至还觉得像他这种从旧社会过来的资方老板就得好好改造，夹着尾巴做人。

 几十年过去了，现在我也已步入古稀之年，回想往事感慨人生，再来体会许先生在那蹉跎岁月的年代所做的一切，顿时感到他是那么平凡而又不平凡……

 许先生一生政治上虽历经磨难，但思想上一直都是党的忠实追随者，丝毫没有因受到各种打击而意志消沉，反而对自己的工作严格要求，精益求精。新中国成立初期物资匮乏，不要说机器设备，就连一些零配件也难以购买，为了提高砻米进度，他想方设法在老式砻米木盘上，镶嵌上一根根老竹片做成齿条，当时没有什么黏合剂，他就在硬木盘上精心修凿出一道道燕尾槽，然后把竹片刨出公榫嵌进槽内，这样不但竹片磨损了好更换，也可在短时间内做出一大批土砻米机，以机器代替人力，既提高了进度，也使砻出来的米粒不碎，颗颗完整，圆满完成了上级交给的任务。

在粮食加工中，为了保证加工出来的大米没有沙粒，让广大群众吃起来放心，也是一件不容易的事。为此，许先生不但与其他技术人员一道攻关，自己也是日思夜想。一天，许先生到河边散步，看着和往常一样河中流淌的急湍与缓流，若有所思，河中的卵石与沙滩是那样泾渭分明、界限清楚，这使他忽然悟出了一个道理：为什么不能把碾出来的大米人为地做出一条米流，使他们通过不同坡度的筛子，使比重较重的沙粒与比重较轻的米粒也来个泾渭分明、互不掺和？经过一段时间反复试验，许先生终于与工人们一起在省内率先搞出了一条除沙除稗的生产线，生产的"标一籼米"荣获省优质产品。

当时我们加工厂的柴油机因为夜里发电、白天加工粮食，基本上不停机，所以机器磨损较大，特别是柴油机主轴轴承经常要更换，当时这种轴承叫婆司壳，是锡与铜合金铸造而成。我们去无锡配制，不但费时费力还影响生产，为了改变这种状况，许先生又动起了脑筋，何不一次性多购几十套回来，磨损后自己配制呢？当然他也知道，配制这种轴瓦需要非常过硬的钳工基础和高超技艺之人。凭着一颗对事业的执着之心，许先生与同去的师傅一起，偷偷地看别人是怎样一道道工序做下来，牢记在心。回来后，利用报废的轴瓦自己学着刮瓦配轴，使其接触面尽可能多的点接触而能多储油润滑，经过刻苦学习技艺，我们自己在轴瓦损坏时，自己可以加班更换了。

　　许先生已离我们先去，现在回想起来，他做的一切都是踏踏实实的，待人真诚。即便在那特殊年代过去之后，他也没有刻意想去做某件事惊动对他不公正的人。他本就是激流中被不断磨砺的沙石，但不管如何磨砺，是沙是石，从里到外，他都是一种本色——纯正而坚硬。

2006 年 6 月 14 日

忆 普 澍 老

汪永定

　　我于 1943 年来到旌德当学徒，曾在许普澍先生牵头创办的
光明电气股份有限公司里逗留了两天。从此，认识了普澍先生及
全家。因为我们是老乡，我一直把他们视为前辈。那个年代，旌
德非常落后，经济不发达，交通闭塞，出门全凭两条腿，县城内
除一些商店和少许手工作坊外，工业，尤以机器工业，仅有普澍
先生创办的这家电灯公司。后来，他又在专营发电的基础上，办
起了粮食加工和建华卷烟厂（手工），这都为日后旌德的工业发
展打下了基础。另据旌德史料记载，普澍先生在抗日反蒋运动
中，也都做过一些有益的工作，深得旌德人民的赞许。

　　1949 年农历三月二十八日，旌德解放，从此蒋家王朝统治的
反动政权倒台，由人民当家做主的新政权诞生，人民政府和团体
组织相继成立，经过"镇反""土改""反霸""三反""五反"
等一系列的政治斗争，新政权得到巩固，广大人民在安稳的环境

中生活着。对私营工商业，政府实行了利用、限制、改造的政策，使之走上公私合营、合作经营的道路。1951 年光明公司（包括粮食加工厂），在旌德城内率先实现了公私合营，更名为裕民粮食加工厂，后又转为国营隶属粮食部门领导的粮食加工厂。普澍先生作为私方代表被任命为副厂长。在其任职期间，不论具体工作有何变动，他都兢兢业业，一丝不苟，认真负责地工作在第一线。尽管期间曾遭遇过不公正待遇，但都无怨无悔，深信党的政策，始终不渝地忘我工作，直至光荣退休。

　　普澍先生一生虽无轰轰烈烈的创举，但他那种严肃认真的创业精神，以及严于律己、宽已待人的广阔胸襟，还有精打细算的简朴生活作风都深深留在我的记忆之中，他是我毕生难以忘怀的老乡和尊长。

　　　　　　　　　　　　　　　　　　　　　2007 年 6 月

许老先生印象

汪忠来

　　小青年的时候我就认识许普澍许老先生。那时候，从省城合肥来了一位因父母下放而回故乡的在文艺方面非常有才气的小伙子，因为年龄相近，在旌德文艺圈我们走得很近，玩得很投机，成了好朋友，他就是许老先生的外孙汪谷震。谷震的父母下放在庙首，城里的家就是他的外公外婆，他们住在一栋很旧很老的徽式房子里。因为排节目，因为演节目，也因为小青年闲得没事找事，我常去瑞市桥东头的外公家找谷震，并和外公外婆混得很熟。

　　许老先生给我最初的印象是：慈眉善目，和蔼可亲。他个头不高，却坚实得可以依靠；他身板瘦弱，却沉稳得可以信赖；他少言寡语，却慈祥得可以撒娇。也许是因为我从来就没有享受过外公外婆爷爷奶奶这些祖辈的爱，从一开始，我就特别羡慕谷震有这样的好外公好外婆，在心目中我已经不自觉地把他们当成自己的外公外婆了。

对许老先生印象深刻的很多因素中，还有我父亲对我的诸多影响。我父亲 13 岁在县城的一家桶匠店学徒，一辈子生活在这个小县城，目睹了这里的世道变迁，尘事兴衰。每当茶余饭后说到许普澍的时候，父亲总是一个劲地竖起大拇指，赞不绝口。我父亲虽然不识字，却是个很有血性的性情中人，黑白清楚，恩怨分明，直来直去，宁折不弯。尤其是三杯酒下肚，说许普澍的电灯公司如何了得，说电灯公司德国产的柴油机如何神奇，说许普澍如何跟新四军暗中来往，说许普澍如何开明主动参加公私合营，声情并茂，眉飞色舞，不得不让我在折服父亲口若悬河的才华时，深深折服许老先生作为旌德现代工业鼻祖在普通民众中的口碑。

对许老先生较为完整的印象，是在我担任县志续修总编以后。作为入传人物，总编室必须竭尽全力搜集许普澍生平的有关资料，正是这一过程，让我对许老先生有了进一步的认识和了解。

作为 20 世纪 30 年代初旌德现代工业的拓荒者，许普澍当时的思想观念是怎样形成的？在县档案馆尘封多年的档案中，我们意外地发现了许普澍的读书笔记，宣纸线装，蝇头小楷，密密麻麻地记录着他阅读《社会进步大纲》《经济学基础知识》《资本主义发展及没落》等书籍的心得体会。我不仅恍然大悟，同时也肃然起敬。在封建传统观念那样肆虐的年代里，在生产力水平那样低下的条件下，在物质生活那样贫困的环境中，像青年许普澍这样能够潜心钻研进步理论，立志实业救国并勇敢地予以实践，当时的旌德能有几人？许老先生后来的成功，后来的进步，后来的开明，不正是始于此，基于此吗？

像许老先生这样的人，在"文化大革命"中毫无例外地受到冲击。已经历经几十年风雨沧桑的老人深邃豁达，坦然面对。虽然他被"贬"为粮食加工厂的器材保管员和粮食加工统计员，他依然无怨无悔，乐在其中，工作起来还是那样严肃认真、精打细算、勤俭创业的老作风。我们在采访原粮食加工厂副厂长滕尔友时，滕厂长郑重其事地给出了《许普澍老先生在旌德县粮食加工厂中的情况》的书证，书证中写道："该同志对器材保管工作勤勤恳恳，认真负责，所需的材料能及时购买，保证供应。仓库材料堆放整齐，所有配件保管整洁，账实相符，从来没有短少、丢失现象。"这种时候，全国都在"造反有理"，但是许老先生清醒地知道，只有做好工作，搞好生产，那才真正有理。因此，许老先生"每天同工人一起上下班，及时做好原料进厂、加工成品、副产品出厂的统计工作，及时上报厂部，统计数字及时准确"（书证语）。几十年在许老先生身上养成的"严肃、严谨、严格"的作风，是那场"文化大革命"不可能"革"掉的，这就是许普澍！

对许老先生的印象，还有许多亮点和闪光点，那些已经被写进《旌德县志·人物·许普澍》了，故而不再赘言。

2007 年 9 月 12 日

一个实业救国者的追求

——许普澍印象

方本耕

2006 年春，总编汪忠来交给我为《旌德县志（1978—2003）》人物篇撰写许普澍传记的任务。许普澍生前，我从未谋面。但我通过查找档案，走访许生前所在单位的领导和同事，搜集资料，使我对他的生平和为人有了较深刻的印象。

许普澍是一个实业家。1931 年，以他为主积极运筹操作创办了旌德第一个股份制现代企业——光明电气股份有限公司；1938 年创办旌德实验绸厂；1941 年开办建华烟厂。这些企业的创办和建立，不但使旌德人有史以来有了电灯和机制大米，更重要的是开创了旌德县现代工业的先河。可以说在工业兴县上他是第一个"吃螃蟹的人"。许普澍在实践实业救国理想的同时，他追求光明、进步、国家强大，并为此奋斗了一生。

许普澍追求做一个爱国的革命者。在 20 世纪 20 年代就接触到马列主义，参加店员工会罢工，开展劳资斗争。抗日时期，在旌德参加救亡活动，与人组织起"旌德县战地服务团"，设立"救亡书店"，积极开展抗日的各项活动，不畏反动当局的警告和迫害，他的爱国正气可敬，英勇无畏可嘉！

其次，许普澍追求正义，希望为人民谋福利的政党来领导中国，以共产党和新四军为朋友。他在新四军驻云岭时，暗地保持与新四军的联系，并协助共产党地下组织活动，安排动员旌德青年投奔新四军。皖南事变后，冒着生命危险，营救新四军战士张鸿九和筹款支援新四军干部于岩，被国民党当局视为"亲共通共"分子，被传讯监控。而他从未向当局吐露半点信息，宁可歇业，逃跑出县谋生，也不低头。可见他对共产党是肝胆相照、荣辱与共。

许普澍追求人生崇高境界，无私奉献。在当时，他在旌德的家境、事业以及和上层社会的交往，均可以使自己跻身上流社会，享受荣华富贵，但他不愿消沉、颓废。除了上述新中国成立前的实践活动之外，新中国成立后，他带头响应人民政府对私营工商业的改造，主动申请将自己的企业改为公私合营；不久，又将公私合营中自己拥有的股份捐献给国家，改为国营，将宁国大丰米厂无偿赠送给宁国县粮食局。在抗美援朝时期，带头送长子参军，保家卫国，这些举动，闪烁着无私的光辉，我们现在仍对他刮目相看。

许普澍追求人与人之间的理解与和谐。在"文革"中他被一群无知的"红卫兵"当作活靶子，揪斗、受批判，他仍能坦然面对，坚信共产党的领导，坚信"风雨过后是晴天"，他仍坚持把已捐献给国家的企业当作自己的企业来经管，体现了国家主人翁的精神风范。三中全会之后，对于揪斗他的群众，他不发牢骚，没有怨言，理解那个特殊年代的"狂热"行为，淡泊处世，宁静致远。

为发扬志书"存史、资政、教化"的功能，使许普澍这样的人名垂史册，作为《许普澍》传的撰稿人，我亦算是尽了一点绵薄之力。

2007 年 9 月 21 日

普澍宗台　小史点滴

许士煦

　　普澍先生自幼至青年时期，都在唐模度过。离开故乡前，国家正处于民生凋敝、战乱频仍之际，在此时代背景下，促使了同时代青年学友的爱国热情和上进心理。其时与他为友的有许作之、许克定、许祖楷、许素玉（女）、许承湧、许文斌等。他们设想并成功地实现了改革学校教育，兴办民生实业，改变农村生活环境与面貌，但是前进中不免受到不良势力的阻击和摧残，稍有退缩，便会导致事业的损失和失败。他们这些前进中的知识青年，在当时宗族势力的控制下，成了英雄无用武之地的弱者，唯一的出路只有奔走他乡，各奔前程。与普澍先生为伴的这些优秀青年，有的外出经商，有的升学深造，有的找个避风港暂时躲缩，只有普澍先生从此离开了家乡，再也没有回来过。贺知章的"少小离家老大回"诗句，他一个字也没有沾上，他把事业的根据地选在邻邑的山城旌德，继续奋斗办实业，如发电、粮食加工、面粉厂等，其中最突出的是电灯公司。旌德是山区，白手起家，资金、技术、供销关系等等都得从"零"做起，而且要对恶劣的水陆交通条件付出强大的体力劳动，日夜战斗，从大城市购进的笨重铁件机器，得辗转环绕水道、山路，用竹筏、木船及人力肩扛背驮运到旌德县城，其经营运作，真是筚路蓝缕，艰苦不言而喻。

我小时候听父亲说，普澍先生一次用车装运机器，行至宁国县河沥溪，不幸将一教堂的围墙撞倒，普澍先生知晓我父在盐业部门做事，就找到他千方百计斡旋调解，险些儿连车带人和机器都丢在半路，这是普澍先生在创业方面艰难险阻的千万分之一。其创业精神、办事的毅力与决心，特别是为"民生"而奋战一生的高尚情操与意志，永远值得我们钦佩和学习。

2007 年 6 月于黄山市徽州区潜口乡唐模村

许普澍——旌德供电的先行者

旌德电业志或者说旌德县志电力部分的开篇，都是从许普澍先生民国二十年（1931）创办旌德光明电气股份有限公司开始的。

当时德制 24 马力柴油发电机组一台，月发电 800～1000 度，装电灯 300 盏，民国三十年因战乱影响而停业。1952 年公私合营后恢复发电，当年发电 0.9 万度。可以这么说，当年要是没有许先生开始创办光明公司，旌德电灯照明的历史肯定会往后推迟。旌德供电的历史也就不会从 1932 年开始了。

许普澍先生理所当然是旌德供电业的先行者，先生当年不畏惧艰难，把笨重的设备设法运到旌德，给旌德人带来了现代文明，这在当时是十分了不起的。今天，我们作为供电的后来人，同样需要发扬许先生的创新精神，加大旌德供电基础建设，加大科技投入，同时要以科学发展观为指导，搞好能源节约，为县域经济的发展提供优质服务，为新农村建设提供优质服务。

旌德县供电公司

2007 年 11 月

许普澍——旌德机械化粮食加工的创始人

许普澍先生是旌德机械化粮食加工的第一人，是粮食部门自办工业的创始人。我们为有许先生这样的同行和前辈感到自豪。

20 世纪 30 年代之前，旌德城乡稻麦加工全靠手工操作，主要是水碓、牛磨，全县有六七十家，从业人员二百多人。抗战期间县级公粮、省粮田赋、军粮等征集来的粮食由 425 万斤增加到 758 万斤，原粮均要本地加工成糙米运出，可见工作量之浩大。为改变粮食加工落后状况，引进先进的粮食加工技术，1931 年以许普澍为首的进步青年，为实现"实业救国"之理想，筹集股金创办了旌德县第一个股份制现代企业——旌德光明电气股份有限公司，从事粮食加工和发电照明，开创了我县机械化加工粮食的先河。1951 年，许普澍积极响应政府对工商业改造的号召，主动申请将私营光明公司及股额 13477.64 元改为"公私合营裕民粮食加工厂"独立核算，进行粮食加工和发电，它是我县国有粮食

147

部门自办工业的起点。1957 年更名为"公私合营旌阳米厂",主营大米加工。1966 年正式挂牌为"国营旌德米厂",任副厂长。任职期间,主管经营和技术改造,他始终坚持"严肃认真、精打细算、勤俭创业"的工作作风,不断改进生产工艺,提高生产技术水平,更新设备,在淘汰木砻改橡胶砻等加工工艺中做出了积极贡献。1978 年该厂以电动代替柴油发动机,增加原粮、成品粮自动输送线,通过不断的技术改造,产品质量得到大幅度提升。1985 年旌德米厂生产的"标一籼米"荣获省"优质产品"和商业部"信得过产品"证书。旌德大米在原徽州地区享有很高的知名度。

许普澍先生的工作作风在粮食部门有口皆碑,给我们粮食企业留下了好传统。

旌德县粮食局

2007 年 11 月

烟草史上的一个闪光点

　　许普澍先生是旌德县第一个现代企业的创始人，他不仅涉足照明、加工业，1941 年还利用当地生产烟叶开办了建华烟厂，手工卷烟供应抗日前线，既解决了当地原料又安排了一些劳动力做工，增加百姓收入。不仅如此，在生产的"同盟牌"香烟盒上印有"吸同盟牌香烟，祝同盟国胜利"的标语，鼓舞抗日斗志，这是十分不容易的事情。

　　如今这样的烟标，许先生的亲属已把它捐给中国人民抗日战争纪念馆、上海烟草博物馆、安徽省博物馆及旌德县档案馆，这意义自然非同一般，这肯定是烟草史上的一个闪光点。

旌德县烟草局

2007 年 11 月

一个有意义的人

方光华

　　一个平凡的人，离开尘世二十多年，人们还在念叨他。那他肯定干过一些有益于人的事。

　　一个长辈，在他诞辰百年的时候，后代老少三十多人，从四面八方相聚到他曾经创业的地方，一起回忆他的人生经历。那他的品质肯定影响过这个家族的每一个人。

　　20世纪初，他生在徽州一个叫唐模的地方，一个出过同胞翰林的地方，一个孝子为失明的母亲仿建西湖的村庄。他的母亲是马克思《资本论》中提到过的唯一的中国人王茂荫的后人，这位货币理论家的细胞自然就传承给了他。遵照徽州的习俗，"十二三岁往外一丢"，这是徽州男孩成长的必经之路，他当上了歙县城里一家布店的学徒。那个时代，再大的徽商，也是从当学徒开始，钱和心的历练都要从中积累。因为受到布店经理，一位早期共产党人的影响，他读了一些进步书籍，因参加劳资斗争被解雇。他的近于隶书体的读书笔记，一本本墨韵犹新。

徽州人骨子里与生俱来就有一种骆驼的精神，即使离乡背井也不忘创业，他要让经商的思想找到适宜的土地发芽。就这样，他和布店同事到了邻县旌德。不知道受了谁的启发，或是得到了什么样的信息。总之，他决定开办一家电气公司，给百姓带来光明。

那个年代的旌德与外面的沟通只有驿道，所谓驿道也就是马道而已。歙县不少人赶着毛驴到旌德驮过粮。一个刚刚从学徒当上店员的他，想必不会有多少资本。我不知道他当时筹集股金有多少困难，至少这一方水土的人认可他的所作所为，在档案馆里我见到了近二十个股东清晰的名册，那是他的同道。但不难想象，到上海买一台德国产 24 马力内燃发电机和碾米机，而后将数吨重的庞然大物弄回旌德要费多大的周折。驿道时代，唯一的策略是将机器化整为零，拆卸装船运到芜湖，再雇用木帆船沿青弋江载至泾县赤滩，又改竹筏沿徽水河逆流而上，到三溪上岸再雇民工抬到旌德县城。有的铸件重三百多公斤，竹筏无法承载，就人工从赤滩沿旌泾驿道跋涉六十多公里抬到旌阳。在设备运输途中，还不时遭到国民党军政人员刁难、敲诈、盘查和扣押。这么一些设备，从购买到安装花了六个月。就这样，在 20 世纪 30 年代的一个夜晚，他让旌德第一次亮起了三百多盏电灯，创造了一个不小的奇迹。当然那样的夜晚是不同寻常的，在人们眼里他也是一个不同寻常的人。这还不算，他还在水碓碾米的常识以外，让人们尝到了机械加工粮食的甜头。可以说，他为一个地方带来了工业文明。

实业的理想之灯刚刚点燃，就碰到了民国二十三年（1934）

的旌德大旱，全县秋粮绝收，他的光明公司面临停产。为摆脱困境，他带了几名工人到含山承包公司。1938 年，丝绸集散地杭嘉湖地区沦陷，旌德蚕茧卖不出去，他奔走于工商界筹资，开办旌德实验绸厂，缫丝织绸以解决百姓蚕茧销路，成为旌德现代纺织业的开拓者之一。商人总是在市场中练就一双明亮的眼睛。为适应市场需要，他利用当地土产烟叶在旌德开办手工卷烟厂，生产"同盟牌"卷烟，并在烟标上印有"吸同盟牌香烟，祝同盟国胜利"的标语，宣传抗战。六十年以后，这样的烟标成了中国人民抗日战争纪念馆和中国烟草博物馆的珍贵藏品。

他已然是个百分百的徽商，但在那个时代注定成不了胡雪岩。虽然创业在偏僻的旌德，但他追随着那个时代的进步潮流。抗日战争时期，他和革命者一道发起成立过"旌德县战地服务团"，推销进步书刊。暗地与新四军保持联系，多次派人为新四军送书刊文具，并通过地下党安排动员二十多名青年参加新四军。皖南事变后，他还积极营救被俘新四军。因为"亲共通共"，他被传押监控，谋生异地，直至旌德解放。当时的革命者，对这样一位民主人士，几十年后人们都异口同声说他难能可贵。

他是一个抱有实业救国理想的人，朴素点说是一个想干事的人。只要自己的事业能够继续，他能够与那个时代合拍。他心甘情愿地将自己的产业公私合营，并想方设法为新生的企业求发展。但在以后的"运动"中，他理所当然成了一名"运动员"，"资本家"的帽子和他的脑袋日夜"亲密接触"着。当年办电气公司老百姓明里支持他，这时候群众心里护着他。本来就少言寡语的他，接受改造之外，闲暇时只读报种菜，心态平静如水。他的为人和爱举，子孙和亲友们写下了厚厚一册动人的文字。

　　徽州人读书创业的思想业已通过他影响着他的后代，他的子孙已经把读书和创业有机地结合在一起，撑起了各自的天空。

　　在他拥有那个名字一百年的日子，因他的创业精神让人回顾起那段历史。因他是个有思想、有意义、有风范、有爱心的长者，整个家族敬重他。他的后人以他的名义在他创业的地方设立助学金以弘扬他的爱心。

　　一个有意义的人，他的精神总会以某种方式启发后人继续前行。

　　这个人叫许普澍，一个平凡而难能可贵的人。

2007 年 12 月 5 日《新安晚报》

不倦的奉献

——忆许普澍先生二三事

郑　式

　　这次回徽州探亲，见到《黄山日报》载方光华先生《许普澍——一位难能可贵的地方实业家》一文，使我想起与他共事一年多的经历。他为人谦和敬业，苦干实干不倦的奉献精神，令人怀念和敬慕。

　　那是 1958 年"大跃进"年代，芜湖地委（1956—1961 年徽州已并入芜湖）为了大办工业，决定从所辖 22 个县工业部门中各抽调（不转工资关系）熟悉工业的骨干一人，组成地区工业物资协作采购调运队伍，由地区计委（冶金指挥部）统一领导。许普澍同志是其中的一位，他是从旌德电厂副厂长岗位上调来的，后与另一位同志分配驻武汉工作。我当时在计委物资科并先后派驻北京、上海工作组，两次去武汉会同他工作数月，所以与他接触较多。在抽调人员中，我记得他是最年长的一位，年逾半百，其他大都是年轻人。当时常驻武汉工作主要是办理大办钢铁时小高炉生锈与武汉协作的机床设备等物资交接调运和其他工业物资采购，任务是相当繁重和艰苦的。那时运输工具紧张，运输上的困难是令人难以想象的。如今一个电话可以办妥的联运，那时不知要跑多少次，等待多少天。加之人地陌生，任务紧张，困难就更多了。可他凭借着敬业勤奋的工作，很好地完成了任务，在总结会上受到了领导表扬。

当时每批小高炉生锈从芜湖发到武汉港后，办理交接时非常具体而繁重。双方派人监磅，不管烈日炎炎还是寒风下雨，都要在规定期限内交接完毕。在那"一天等于二十年"的时代，时间就是命令，延期就是错误。经常是连续十几个小时，顾不上吃饭，一杯开水两个馒头充饥。这对一个半百老人体力透支是可想而知。如遇磅差超标等事，还有许多细致复杂工作，查找原因，求得解决。没有节假日，春节也不能回县过年，可他从无怨言，埋头苦干，在这个岗位上一直干到回旌德，没有向组织上提出调换岗位的请求。这种敬业苦干的精神多么难能可贵，令人敬慕。发运物质也是如此，要自己申报运输计划，购买材料、包装，自行联系调运工具。那时还没有一条龙服务，每个环节的落实都不知道往返要跑多少遍，甚至几十遍，加之人地生疏，交通不便，时间紧，困难就更多。为了落实这些环节，经常忙于奔波加班加点，连每件物资标签都要自己动手，没有助手；遇到恶劣气候也只好默默承受，可以说没经历过的人是难以想象当时的艰辛。

派驻武汉不仅工作繁重艰辛，生活上也是十分艰苦的。为了节省开支，他们包住在离汉口港较近的汉正街一个小旅馆里，每个房间是用木板隔成的，不足十平方米，一张小床，一张三屉桌，两个小方凳，整年挂帐子，夏天防蚊，冬天避风。衣食饱暖无人照顾，一日三餐无固定，在小饭摊、小饭店买吃，不仅卫生不能保证，特别是经济上无法承受。那时工资一般的每月只有三五十块，高的也只有六七十元，每天出差补助费只有几角钱，在外吃一两天可以，长年累月怎行呢？他只好买了一个小煤油炉，在旅馆房间里煮点面条，有时也做一点简单饭菜，解决一日三餐。这对一个年过半百身体欠佳的老人多么不容易啊！同时，文化生活也是很贫乏的，唯一享受就是躺在床上休息时听听收音机，但他从无怨言，总是精神饱满地工作，从未向组织伸手要额外补助。这种勤奋不倦的奉献，体现了他一生的追求和他做人做事的高尚品质。

今年是许老诞辰 100 周年，逝世 23 周年。在改革开放发展关键时期，当我回忆起这位为地方工业的发展做出努力和有益贡献的前辈时，特以此文聊表对许老的纪念。

2007 年 11 月于巢湖市

旌德举办许普澍先生诞辰 100 周年纪念活动

方光华

　　2007 年 11 月 10 日，为纪念旌德县现代企业创始人许普澍先生诞辰 100 周年，旌德县政协主持召开了纪念座谈会，并出版纪念文集《励志筑光明》，许普澍的亲属捐资在旌德设立了"普澍助学金"。

许普澍先生（1907—1984）是旌德现代企业的创始人，1931年筹集股金在旌德创办了第一个股份制企业——旌德光明电气股份有限公司，从事发电照明和粮食加工，首次安装电灯300多盏，在旌德实现了电灯照明和粮食机械加工。以后又筹资开办了旌德实验绸厂，成为旌德现代纺织工业的开拓者。抗战时期，许普澍积极参加抗日救亡活动，给新四军送进步书刊，通过地下党安排、动员20余名青年参加新四军。1941年，许普澍还利用当地土产烟叶在旌德开办建华烟厂，生产手工卷制的"同盟牌"卷烟，烟标上印有"吸同盟牌香烟，祝同盟国胜利"的标语，宣传抗战。1951年，许普澍将私营光明公司主动申请改为公私合营裕民粮食加工厂。1956年又将宁国大丰米厂无偿送给宁国县粮食局。随后在旌德粮食部门从事粮食加工工作。许先生是旌德县首届政协委员，是位有思想、有爱心、有风范的民主人士。为弘扬先生的创业精神激励今天的创业者，旌德县政协邀请相关单位和亲属代表50余人座谈纪念许普澍诞辰100周年，该县政协文史委还编辑出版了纪念文集《励志筑光明》，许普澍的亲属为继承父辈奉献社会的精神，捐资50000元给"旌德县育才爱心基金会"，设立"普澍助学金"奖励品学兼优的困难高中学生以完成学业。

原载 2007 年 11 月 22 日《安徽日报》

许 普 澍 之 后

XU PU SHU ZHI HUO

公私合营旌德裕民粮食加工厂诞生记

许坚卓

85 年前的 1932 年，许普澍先生创办的旌德县光明电气股份有限公司开始发电照明，旌德全城迎来了光明，人们奔走相告点灯不用油了，同时佩服许普澍先生的创业智慧、藐视困难的勇气和解决困难的办法。

旌德是个既不通公路，又没有水路的山区小县，当时全县人口也就五万多人。光明公司是生不逢时，成立之后天灾人祸不断。1934 年旌德大旱，接着抗日战争爆发，经济濒于崩溃，物价一日三涨。之后，国民党地方政府掠夺破坏，输电线路被拆除，发电照明暂停，粮食加工时断时续，经营惨淡，光明公司名存实亡。

1949 年农历三月二十八，旌德解放，光明公司从此获得新生。新中国成立之初，光明公司为县人民政府财粮科和中粮公司加工粮食，为财粮科加工的是公粮，供应军队和机关；为中粮公司加工的是贸易粮，供应市场。光明公司员工有事做了，大家齐心协力，精神振奋，经济困难慢慢解除了。

在加工粮食过程中，政府和光明公司双方相互信任，合作愉快。光明公司很想恢复发电业务，于是向政府领导提出想法，县政府也很想解决照明问题，可谓一拍即合。当时，徽州地区其他县都有电灯，唯独旌德还没有。双方商议采用租赁方式，每年政府支付1000元租金。光明公司要想恢复发电，就需购买输电电线，重新架设被国民党政府破坏和拆走的输电线路。当时公司虽然恢复了生产，但一次拿出那么多钱去购买电线非常困难。于是，进一步协商，最后达成政府出资5000元的合作协议。新中国成立初，旌德县人民政府工商科一份"生产管理概况报告"中记载有：光明公司出资10000元，对光明公司进行了资产登记和核算。光明公司当时资产仅2000元，除许普澍个人交部分资金外，还通过县工商联和石士彦先生支持，参股投资，才凑齐资金数额。

1951年10月完成改制，公私合营旌德裕民粮食加工厂正式成立。旌德县政府委派吴竞夫为厂长，许普澍为副厂长，粮食加工业务不变，同时着手恢复发电照明。许普澍再次赴上海，花3000多元购买了铜线，重新架设输电线路，并对各户电线进行检查。员工起早摸黑，加班加点，于1952年农历二月开始发电照明，旌德县城又一次大放光明，有的地方还张灯结彩以示庆祝。

这次发电照明，距光明公司第一次发电整整相隔了20年。

2017年6月

有关旌德建华烟厂"同盟牌"香烟的回忆

许尚武

　　1937 年底，上海会战失败，南京失守，芜湖沦陷。接着铜陵、繁昌、宣城都被日寇占领。泾县也一度失守。沦陷区的大量难民来到旌德山城。小小县城顿时成了流亡通道和暂时的避难所。失去大城市消费品供应的山城，物资极端匮乏。

　　父亲许普澍在战地服务团被解散、"救亡书店"遭查封，为宣传抗日、实业救国，看到市场上香烟紧缺，农民烟叶又卖不出去，就萌生起筹办烟厂。先是去沦陷区招募技术人员来旌当师傅，又四处购卷烟纸、买进法国产香精等材料，请师傅制造木质土卷烟机等设备。几经周折，于 1941 年秋建成旌德建华烟厂。厂址就在光明电气股份有限公司院内（因柴油存储枯竭发电停业、《救亡书店》遭查封）。烟厂工人来自江北沦陷区的难民和歙县老家的乡友。平时是 30 多名工人，高峰时有六七十名工人。分为原料、卷制、分切检验和包装几个班组和工序。父亲和师傅检验收来的烟叶，分类、分级选烟叶。有的添加配料、加工、上榨制成黄烟丝直接销售；有的配料加工切成香烟丝，供手工卷烟机卷成香烟。公司的楼上全都是木制卷烟机，一人一台，六七人一个长条桌，宽的桌子就面对面摆放，有好几十台卷烟机。楼下后场是原料配制车间，每天清晨父亲都亲自选料、配料、喷香料。楼下前场是分切、检验、装盒、成品打包等工序。

在建华烟厂成立的时候，创出"建国""同盟"牌香烟，打的广告是"吸同盟牌香烟，祝同盟国胜利"的标语，宣传抗日。

由于制作不断改进，"建国""同盟"牌香烟博得消费者青睐，一时行销县城四乡及临近城镇，一直到1945年抗战胜利，大城市的洋烟涌入，土制手工卷烟停产息业，历时四年。

"文化大革命"家中被抄，抄出"同盟牌"烟盒、烟标，批斗我父亲。当时，我在武汉空军部队，也受此牵连。回想起来，小小烟标同样有着历史的印痕。

2008 年 10 月 13 日

捐献烟标再现抗战历史

纪念世界反法西斯战争胜利和中国抗日战争胜利 60 周年之际，旌德县档案局收到了许坚卓先生自上海寄来的 10 张具有抗日爱国意义的烟标。

这 10 张香烟烟标名为"同盟牌"，是当年旌德县建华烟厂印刷的。烟标的一面中间是英文大写字母 ABCD，两边写有"吸同盟牌香烟，祝同盟国胜利"的抗日口号。另一面中间为菱形，印有"中、美、英、苏"四个汉字，分别压在四个同盟国的国旗上。可见，"同盟牌"取四国同盟之意。烟标的两侧用英文标明是十支装。据了解，烟标的捐赠人许坚卓先生是旌德籍在外人士，1941 年出生，退休前系黄山市驻上海办事处主任。其父许普澍是新中国成立前旌德县第一个现代工厂——光明公司的创始人之一。抗战时期，许普澍先生响应中国共产党抗日救国的号召，参与组织"旌德县战地服务团"，团结社会各界人士投入抗日救国活动，并开设了"救亡书店"，积极推销新华日报等进步报刊、书籍。在 1942—1943 年抗战艰难时期，他所开办的烟厂——旌德县建华烟厂生产了"同盟牌"香烟，宣传抗日救国主张。

据许坚卓先生介绍，除了向旌德县档案局邮寄捐赠 10 张烟标外，今年 2 月份他还向中国人民抗日战争纪念馆捐赠了两张同样的烟标。

原载 2008 年 3 月 24 日《安徽日报》

抗战时期的"同盟牌"香烟

——安徽旌德建华烟厂追忆

李茂青

民国二十六年（1937）底，芜湖沦陷，铜陵、繁昌、宣城等地被日寇占领。沦陷区大量难民涌入旌德山城，使该县城顿时成了流亡通道和暂时的避难所，民众急剧增加。因此，物资供应开始逐步匮乏。

旌德县第一个现代工厂——光明公司的创始人之一许普澍，看到市场上香烟紧缺，而农民烟叶又卖不出去，便萌生起筹办烟厂之念。为满足当地消费市场需要，利用当地土产烟叶，聘请专人制造木质土卷烟机等设备，于民国三十年（1941）秋创办旌德建华烟厂，厂址设在旌阳镇光明电气股份有限公司院内。烟厂工人来自江北沦陷区的难民和歙县老家的乡友，并到沦陷区招募技术人员为师傅。平时有 30 多名工人，多时达六七十人。生产的手工卷烟，品牌有"建国牌"和"同盟牌"等香烟。在生产过程中，首先对收购的烟叶进行分类、分级拣选，配料加工切成香

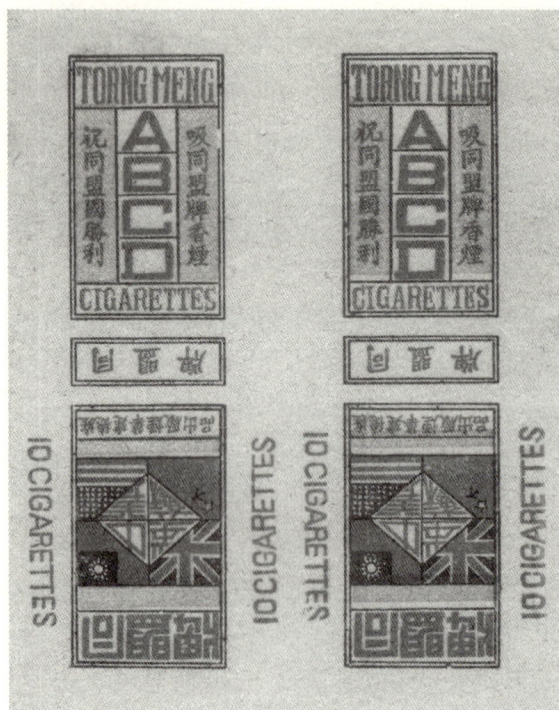

烟 标

烟丝，供手工卷烟机卷成香烟，共分为原料、卷制、分切检验和包装等几道工序。楼上为加工成品车间，全是木制卷烟机，一人一台，六七人一个长条桌，宽的桌子面对面摆放，共有好几十台卷烟机。楼下前场是分切、检验、装盒、成品打包场所；后场是原料配制车间。部分烟叶添加配料、加工、上榨制成黄烟丝，直接销售。

因在选烟、配料、卷制等环节上不断改进，添加法国产进口香料，确保香烟质量，很受消费者的青睐，一时行销县城四乡及临近城镇。其中生产十支装"同盟牌"香烟时，张贴的大幅广告，广告词为"吸同盟牌香烟，祝同盟国胜利"，大力宣传抗日救国主张。此烟标的正版上方为"同盟牌"三字，主图由"中华民国"青天白日旗、美国星条旗、英国米字旗和苏联工农红军旗等四面国旗组成，中间一菱形，印有"中、美、英、苏"四个汉字，分别压在四个同盟国的国旗上，下方厂址标明：旌德建华烟厂出品；烟标的两侧版用英文拼写"10 CIG-ARETTES"，标明十支装；副版上下方应是英文同盟牌香烟之意，中间为英文大写字母 ABCD，两边直书"吸同盟牌香烟，祝同盟国胜利"的抗日口号；底标长方形蓝色框内为"同盟牌"三个红字。由此可见，"同盟牌"取四国同盟之意。该烟厂直到抗战胜利，因大城市的洋烟涌入，土制手工卷烟停产歇业，历时四年。

新中国成立初期，旌德建华烟厂创始人许普澍回旌德仍任光明公司经理，兼任宁国大丰米厂经理。他在县工商界带头捐款抗美援朝，并送长子参加中国人民志愿军。20 世纪 50 年代，许普澍响应政府对私营工商业改造的号召，主动申请将私营光明公司

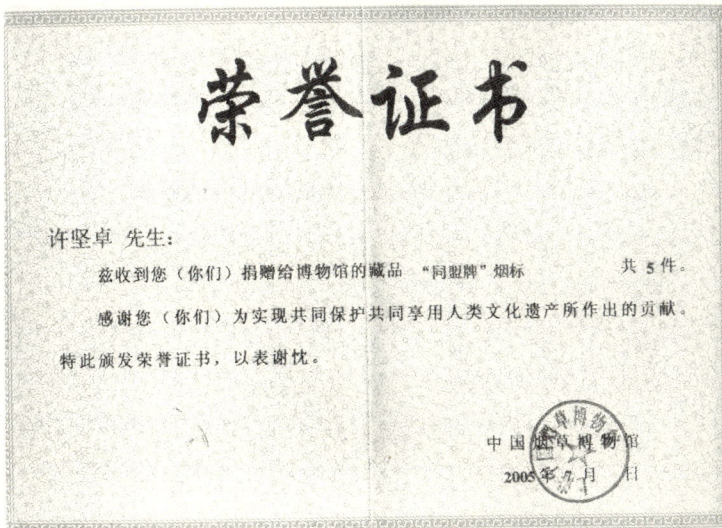

荣誉证书

许坚卓 先生：

兹收到您（你们）捐赠给博物馆的藏品 "同盟牌"烟标　　　　共 5 件。

感谢您（你们）为实现共同保护共同享用人类文化遗产所作出的贡献。

特此颁发荣誉证书，以表谢忱。

中国烟草博物馆
2005 年 月 日

改为公私合营裕民粮食加工厂，后又将大丰米厂无偿赠送宁国县粮食局。1964年6月，许放弃公私合营旌德裕民粮食加工厂拥有股份的定息，改为国营旌德米厂，任副厂长。十一届三中全会后，许普澍当选为县第一届政协委员。1984年1月辞世。

在纪念世界反法西斯战争胜利和中国抗日战争胜利60周年之际，许普澍之子许坚卓等，曾向旌德县档案局捐赠10枚具有抗日爱国意义的烟标；2005年7月，向中国人民抗日战争纪念馆、中国烟草博物馆捐赠"同盟牌"烟标；2006年3月，向安徽省博物馆捐赠"同盟牌"烟标。

原载"烟草在线网"

旌德烟标印四国国旗获世界纪录
见证抗日历史

纪在学

　　今年 5 月份，由江显根、许坚卓发起的毕业 60 周年聚会，以"世界上平均年龄最大的班级同学聚会"获得了世界纪录协会香港总部颁发的《世界纪录证书》。今年 74 岁的旌德人许坚卓没想到，自己收藏多年的一份父亲的遗物经他申报后，也获得"世界上印有国旗最多的烟标"。

见证抗日历史

　　这枚"同盟牌"烟标，长 6.7 厘米、宽 18.5 厘米，红、蓝、绿三色套印，直标，十支装，每版烟标两枚。烟标正版图案：上方为"同盟牌"三字，主图由"中华民国"青天白日旗、美国星条旗、英国米字旗和苏联工农红军旗共四面国旗组成，正中一

171

菱形，印有"中、美、英、苏"四个汉字，分别压在四个同盟国的国旗一角，下方厂址"旌德建华烟厂出品"。

许坚卓介绍，他的父亲许普澍是一名徽商，1941年就在抗战最艰难的时期，他利用当地烟草，生产手工卷烟，创办旌德县建华烟厂。其品牌有"建国牌"和十支装"同盟牌"香烟。所谓同盟牌香烟，是为了宣传中美英苏成立反法西斯同盟，对抗德意日轴心国。顾名思义，"同盟牌"取四国同盟之意，烟标两边还写着"吸同盟牌香烟，祝同盟国胜利"抗战口号。

获得世界纪录

1984年，许普澍去世后，他收藏的烟标就留给了其子许坚卓，多年来，许坚卓也一直珍藏着父亲的遗物。

因为这枚"同盟牌"烟标见证了那段抗日历史，许坚卓无偿向中国人民抗日战争纪念馆、中国烟草博物馆、安徽省博物馆、安徽省档案馆、旌德县档案局等单位捐赠过"同盟牌"烟标，受到了受赠单位的肯定和支持。

今年5月27日，许坚卓亲自从香港世界纪录协会认证官手中接过证书，证书标题为"世界上印有最多国旗的烟标——许坚卓收藏的同盟牌烟标"。

原载2014年6月5日《安徽商报》

安徽旌德发现抗日组织章程
老人讲述抗日往事

纪在学

今年是抗战胜利 70 周年，很多新发现的史料还原了那段特殊的历史。近日，74 岁的旌德人许坚卓向安徽商报提供了一份《旌德县旌阳镇青年抗敌协会章程草案》，这份珍贵的史料是他从父亲的遗物中整理出来的，见证了旌德县的抗战历史。

旌德发现青年抗敌协会章程草案

这份《旌德县旌阳镇青年抗敌协会章程草案》全文均为手写，纸质已经发黄，还有部分破损。许坚卓告诉记者，这份史料是他从父亲的遗物中整理出来的，恰逢今年是抗战胜利 70 周年，希望这份珍贵的史料能让现在的年轻人勿忘国耻。

该章程草案分为五个章节，分别为总则、组织、职权、集合、经费五个部分。在总则章节中提到，旌德县旌阳镇青年抗敌协会与全县各青年抗敌协会合组总会直属于县动员委员会之下。组织章节中还提到了入会条件，"凡属本镇居住之四十五岁以下、十八岁以上各职业青年学生"，"经会员二人之介绍"即可入会，另外在经费章节提到首次入会需交入会费 5 角，每月需交会费 1 角。

史料持有者讲述父亲抗日往事

许坚卓告诉记者，他父亲叫许普澍，创办了旌德第一个股份制现代企业——旌德光明电气股份有限公司，实现旌德有史以来首次电灯照明和粮食机械加工，先后创办了旌德实验绸厂、建华卷烟厂。

据介绍，许普澍在抗战时期曾积极参与抗日救亡活动。许坚卓说，当时周边的南京、芜湖等地先后沦陷，而旌德因为铁路、公路、水路都不通，未被日军占领，周边大城市逃难而来的难民集聚到这个闭塞的小县城。时任光明公司经理的许普澍和吕一鹤等热血青年共同发起成立"旌德县战地服务团"，宣传抗日救亡，到旌德城区和城郊刷"抗战必胜"标语，演抗战话剧。

许坚卓说，父亲新中国成立后曾回忆，1937 年的冬天，他和吕一鹤等人来到三溪乡，在三溪小学召开了座谈会，当场集合了进步青年数十人，拟定筹备建立"旌德县抗敌救援会"，当时订章程、议纲领、定措施、制规划，初具规模。1938 年，国民党政府提出将民间抗日组织一律改组为动员委员会。

救亡书店被国民党查抄

许坚卓还告诉记者，当时父亲还在他的光明电灯公司附设一个救亡书店，从金华、汉口、桂林等地购进一批进步书刊，派销《新华日报》，受到各界欢迎，但因为销售进步书籍和报刊，被国民党反动派两次查抄，1939 年还遭遇封闭，作为书店的负责人之一的许普澍也被国民党当局羁押，后因查无证据和口供，才被家人保释出来。

原载 2015 年 6 月 26 日《安徽商报》

一份特殊的全民抗战记忆

何雅琼

在纪念中国人民抗日战争胜利暨世界反法西斯胜利 70 周年之际，安徽博物院举办的"皖江洪流——安徽军民抗战史实展"展出了一份由许普澍先生执笔的《旌德县旌阳镇青年抗敌协会章程草案》。这份珍贵的史料由旌德人许坚卓从他父亲许普澍的遗物中整理出来，并无偿捐赠给安徽博物院收藏。它见证了那段特殊岁月的军民抗战史。

许普澍（1907—1984），安徽歙县唐模村人，是安徽旌德县民众抗日的中坚力量。他是一名实业救国的倡导者，先后创办旌德光明电气股份有限公司、旌德实验绸厂、建华卷烟厂等，为旌德人民带去光明和实惠。他还是一名爱国主义的践行者，先后投身工人运动，开展劳资斗争，抗日战争爆发以后，积极开展各项抗日救亡活动。

1937 年 7 月 7 日爆发卢沟桥事变，日本全面侵华战争由此开

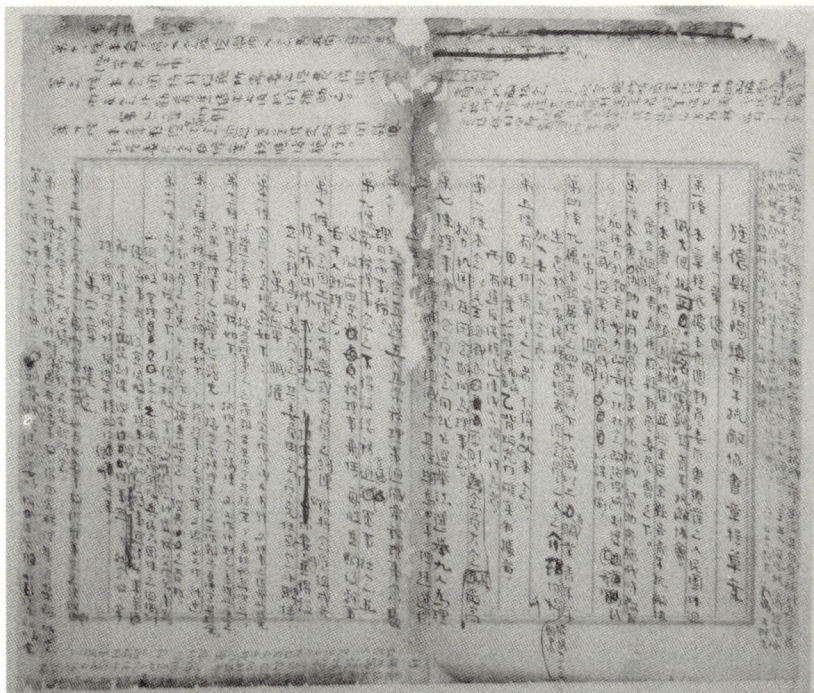

旌德县旌阳镇青年抗敌协会章程草案

始，同年 11 月，日寇从广德侵犯安徽，之后安徽地区的主要城市相继陷落。许普澍目睹时艰、痛心疾首，与中共地下党员吕一鹤等共同团结各界青年，抗战救国，号召大家投身到抗日救亡运动中去。1937 年冬，许普澍和三溪小学校长王同年等人集合了进步青年数十人，在旌德县三溪镇召开座谈会拟定筹建"旌德县抗敌救援会"，后更名为"旌德县战地服务团"。"旌德县战地服务团"由中共党员吕一鹤任副团长，以县教育局（现旌阳一小）为团址，下设宣传、组训、青、工、妇各组织。"旌德县战地服务团"是国共合作抗日统一战线的民主组织，凝聚了一批爱国青年，工作开展得有声有色，对民心和士气得到振奋复苏发挥了积极作用。1938 年秋，"旌德县战地服务团"由国民党政府统一划编到动员委员会之下。

为了配合学习宣传，解决偏远山城精神食粮缺乏，1937 年秋许普澍在光明电气股份有限公司内设立"救亡书店"，推销《生活》《新知》等杂志，派送《新华日报》（汉口版、重庆版）和《抗敌报》，受到各界的欢迎。还购买了《反杜林论》《社会主义入门》《自然辩证法》《国家与革命》《马列主义问题》等进步书刊，供青年阅读。"救亡书店"曾遭反动派两次查抄，1939 年竟遭当局查封，光明公司院墙上还被书写"纠正纷歧错杂思想"八个大字以示警告。许普澍却初衷不变，激情不减，继续暗地保持与新四军的联系，为抗日战士送去稀缺的文具、药品等。他还积极营救被俘新四军，并动员江守默、王冰、张锡畴等 20 多位旌德青年投奔新四军。

南京、芜湖相继沦陷后，沦陷区的大量难民涌入旌德山城，各种生活物资供应开始逐步匮乏。许普澍看到市场上香烟紧缺，而农民的烟叶又卖不出去，便利用当地土产烟叶于 1941 年创办旌德建华烟厂。厂址设在旌阳镇光明电气股份有限公司院内，生产"建国牌"和"同盟牌"手工卷烟。该厂在选叶、配料、卷制等环节上不断改进，并添加了法国香料，深受消费者青睐，一时行销县城四乡及临近城镇。烟厂还张贴"吸同盟牌香烟，祝同盟国胜利"的大幅广告，大力宣传抗日救国主张，鼓舞了民众的士气和爱国热情，传播了难能可贵的正能量。

许普澍先生去世后，其子许坚卓在他的遗物中整理出了这份《旌德县旌阳镇青年抗敌协会章程草案》。这份草案全文均为手写，纸质已经发黄还有部分破损，虽然撰写年份不详，但内容仍可考证。草案中记载的"旌德县旌阳镇青年抗敌协会"便是直属于旌德县动员委员会之下宣传全民族抗战的民主组织。这份《旌德县旌阳镇青年抗敌协会章程草案》由许普澍执笔，分总则、组织、职权、集会、经费、附则六个章节，翔实地介绍了青年抗敌协会的性质、职能以及组织方法。草案规定，青年抗敌协会以民主组织为原则，最高权力机关为动员大会，其宗旨是协助政府动员民众参加抗战，帮助实施战时教育，加强自我教育，努力改善一切社会经济制度，经常练习战斗，以谋自卫。草案中注明"凡属本镇居住之四十五岁以下十八岁以上各职业青年学生，忠于国家民族思想者，经会员二人介绍均可填写入会志愿书，加入本会会员。有左例情形之一者，不得加入本会。甲，□夺之权者，尚未恢复者；乙，背叛党国确实有据者；丙，有违反民族统一阵线，言论及其行为者。"在"职权"章节内详细规定了会员大会，理事会和常务理事会的职务，还提到常务理事会之下设总务、宣传、组织、军事、社会五股来开展工作。

青年抗敌协会的筹办表明像许普澍这样的有识之士已经认识到抗日战争是被压迫民族反抗外来侵略者的战争，是争取民族解放，挣脱奴隶枷锁的自卫战争。以低劣的武器抵抗疯狂的日本强盗，不是单靠军队力量就可以制胜，必须动员一切民众的力量配合军队与暴敌作殊死战斗，才能谋取最后的胜利。《旌德县旌阳镇青年抗敌协会章程草案》就是基于当时全民抗战工作开展以来的经验总结和对之后全民抗战工作开展的思考而得出的，是全民抗战漫漫长路上的一块基石。

许普澍先生生活在社会变革的动荡年代，虽投身工商界却有着鲜明的政治立场、坚定的革命理想、坚韧不拔的救国精神，通过不懈的努力诠释了一个爱国的有识之士应有的作为。

这段历史看似很远，其实就在身边，这样一份泛黄的纸质草案拿在手中是充满分量的，它是旌德县有志青年通过自身行动投身抗战之中，与军人同仇敌忾，筑起坚固的民族长城，形成全民抗战洪流的缩影，启迪我们铭记历史，珍视和平。

原载安徽美术出版社 2016 年 3 月版《皖江洪流——安徽军民抗战史实展》

一件安徽抗战文物的"力量"

冯　超

　　2015 年是中国人民抗日战争暨世界反法西斯战争胜利 70 周年，9 月 2 日，在安徽博物院老馆隆重推出原创展览"皖江洪流——安徽军民抗战史实展"，以此纪念中华民族抗日战争的伟大胜利以及安徽军民的抗战贡献。展览通过 350 余件（套）抗战实物，200 余张历史照片，全景展示了 70 年前安徽地区军民同仇敌忾、不屈不挠、誓死抗敌的历史画卷。展览推出后，受到了社会各界的广泛关注和高度评价。策展过程中，我有机会了解到诸多安徽抗战文物背后的故事。

　　在展览第三部分"山河鼎沸：安徽全民抗战"展厅中，有一件纸质文献，名为《旌德县旌阳镇青年抗敌协会章程草案》，为手稿原件，纸张微微发黄，略有破损，但保存完好，是歙县许坚卓先生捐赠给安徽博物院展出的。手稿是许坚卓的父亲许普澍遗留下来的。抗战期间，许普澍在旌德县组织进步青年成立青年抗

敌协会，并积极投身民
族抗战活动，是安徽抗
战的经历者与参与者。
草案由许普澍草拟，分
为总则、组织、职权、
集合、经费五个部分，
共计 20 条款，规定了协
会的性质、任务、组织机构、入会条件等。抗战胜利后，许普澍
一直悉心保留这份原件，直到 20 世纪 80 年代逝世后，才由其子
许坚卓整理父亲遗物时发现。20 世纪 90 年代，许坚卓将这份抗
战文物托裱，日后交给女儿许向东保存，一直没有公开展出。这
份私家手稿经历许普澍、许坚卓、许向东三代人的悉心保存，反
映了三代人对民族抗战精神的珍视与传承。

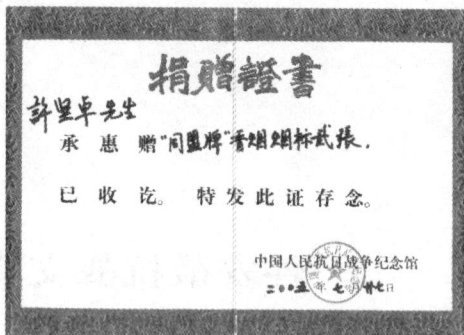

2015 年 6 月，《安徽商报》首次公开报道了这份协会章程草
案手稿。当时，我们展览策划组正在全省范围内组织抗战文物展
品，了解到这个消息，策划组通过《安徽商报》辗转联系上草案
的持有人许坚卓先生，很快便实现了和许先生见面商谈展出事
宜。许先生了解到省博物院正在策划纪念安徽抗战胜利 70 周年
展览，欣然同意捐赠这份草案原件，并在展览中正式展出。

中国人民抗日战争胜利刚过 70 年。70 年来，有很多像许坚
卓、许向东一样的人，他们用自己的方式珍视着保存着民族抗战
的记忆。抗战文物的保护有这样一群人，凝聚着民族的精神与力
量，并将这一精神付诸实践，将这份力量传递社会、教育后人；
有这样一群人，使文物的生命得以延续，民族的精神得以传承。
正是有人民群众的热心关怀，文物才能真正"活"起来。

　　读草案手稿，读出了那时热血青年抗敌的志气方刚；展草案手稿，展出了傲立东方的民族脊梁与中国力量。坚定执着，生生不息，中华民族的未来因之而多彩。

原载 2016 年 4 月 26 日《安徽商报》

许普澍简明年谱

1907 年

12 月出生于安徽省歙县潜口乡唐模村（现黄山市徽州区潜口镇唐模村）。

1915 年

在歙县潜口乡唐模村敬宗小学读书。

1921 年

3 月进歙县裕大布店当练习生、店员。

1927 年

参加歙县店员工会，开展劳资斗争，"四一二"事变后，遭受打击，被资方解雇。

1928 年

在歙县协大布店当店员。

1931 年

集资募股，制定公司章程，创办旌德县第一家股份制企业——光明电气股份有限公司，克服了资金、技术、人员、设备等诸多困难，终于在 1932 年农历二月初一发电，给旌德人民带来光明。

1935 年

旌德光明电气股份有限公司发生经营困难，带领一部分人员承包经营含山县运漕圆明电灯公司。

1937 年

抗日战争爆发后，与吕一鹤等进步人士上街书写"救亡图存，抗战必胜，建国必成"的标语，在旌德三溪筹备建立"旌德县抗敌救援会"，后更名为"旌德县战地服务团"，宣传、动员、组织人民抗日。是年秋，在旌德光明电气股份有限公司内设"救亡书店"，从金华、汉口、桂林购进一批进步书刊，派销《新华日报》（汉口版、重庆版），受到各界欢迎。此时，还与新四军进行联络，派人给新四军送书刊文具，并送张鸿九等进步青年参加新四军。

1938 年

含山县运漕镇沦陷后返回旌德县。

同年，以出产绸缎著名的杭嘉湖地区沦入敌手，生丝无销路。在旌德县蚕农一筹莫展之际，与章济川等商人商定募股设立了"旌德实验绸厂"，开旌德纺织工业之先河。

1939 年

"救亡书店"遭查封，当局在光明公司大门院墙上书写"纠正纷歧错杂思想"八个大字以示警告。

1940 年

旌德实验绸厂因人心涣散，管理上出现问题停业，被政府接收改为"安徽省营皖南纺织示范工厂"。

1941 年

为宣传抗日，利用当地产烟叶，开办旌德县历史上第一家烟厂——建华烟厂。生产手工卷制的"同盟牌"卷烟，印有"吸同盟牌香烟，祝同盟国胜利"口号，号召人民抗日救国，坚信抗战会胜利，抗战胜利后停产。

1946 年

抗日战争胜利不久，因参加进步活动早为国民党政府所忌，加之不为国民党政府加工公粮，不与国民党政府合作，遭到当时国民党政府监视和迫害，不能在旌德安身。

离开旌德后，在宣城西河开设大丰米厂。

1949 年

夏天，宣城大丰米厂歇业返回旌德。

旌德解放后，被推选为人民代表，担任旌德县生产救灾委员会委员兼秘书，满腔热情参与社会公益事业。

1950 年

光明公司经营仍很困难，除继续进行粮食加工外，购买了榨油设备，在旌德首创机器榨油。

5 月，在宁国县河沥溪设立大丰米厂。

10 月，担任旌德县水利委员会副主任，参加了旌德县三溪官坝的修建和其他一些水利设施建设。

1951 年

多次主动向政府申请公私合营，10 月旌德县第一家公私合营企业——"旌德裕民粮食加工厂"成立，担任副厂长。同时进行增资，重新购买电线，增添部分设备，1952 年恢复发电照明。

抗美援朝期间，在县工商联带头捐款，并支持长子许尚武参加中国人民志愿军。

1953 年

参与"旌德裕民粮食加工厂"第一次技术改造，将木砻脱壳改为金刚砂砻脱壳，由机器带动，既扩大了产量，又减轻了工人的劳动强度。同时坚持经常到车间劳动，解决技术难题，在经营管理上做出不少贡献。

1955 年

汽油、柴油供应困难，新购的汽油机改用木炭。在北门关帝庙一次调试中，一氧化碳中毒晕倒，经及时抢救，恢复后继续参加调试。

1956 年

参加华东地区工商业社会主义改造座谈会，聆听陈毅等首长报告，进一步受到教育和鼓励。

参与第二次技术改造，改金刚砂砻脱壳为橡胶砻脱壳，之后搞了一套机械提升设备，大大减轻了工人的劳动强度。60 年代到 70 年代引进并改造了除杂、除稗、除沙、谷糙分离、熟米精选等专用设备，为旌德米厂"标一籼米"荣获省优质产品称号做过贡献。一次，从橡胶砻上摔下来，腰部严重受伤。

第三次被选为旌德县人民代表。

同年，主动向宁国县粮食局申请，无偿将宁国县河沥溪大丰米厂赠送给宁国县粮食局。

1958 年

"大炼钢铁"时，被借调到芜湖行署计委工作。历时一年多，工作负责，节约开支，受到书面表扬。

1960 年

坚持到车间参加劳动，因一次机器事故，错误地受到记过处分。

1963 年

在旌德县瑞市桥购买了住房，至此有了自己的房产。

1964 年

主动申请放弃在公私合营旌德裕民粮食加工厂拥有股份的定息，改为国营旌德米厂。

1965 年

在"四清"运动中错误地受到冲击。

1966 年

"文化大革命"中再次受到冲击，但始终相信党的政策，相信群众，坦然面对。

1967 年

任器材保管员和统计员，在车间参加劳动直至退休。

1981 年

3 月，当选为旌德县政协第一届委员会委员。
同年移居屯溪。

1984 年

1 月 14 日 8 时 30 分在屯溪逝世，享年 77 岁。

后　记

　　十年前，我转岗从事政协文史工作，头一件事就是谋划"许普澍先生诞辰 100 周年"纪念活动。那是我第一次听说"许普澍"这个名字，随着和许普澍子女亲属交往的增多，特别是协编许普澍百年诞辰纪念文集《励志筑光明》，让我对许普澍渐渐有所了解，由此撰写过一篇小文《一个有意义的人》。

　　2015 年 10 月的一天，许普澍次子许坚卓先生和我联系，说能不能给他父亲写个传记。当时我正在走黄山西海大峡谷，我婉言相拒。因为时间太久，当年与他父亲共事的人已经很少，青少年时期的经历基本空白，搜集第一手资料的可能性太小。再则，我这个人不太善于编故事，文史工作已经让我养成尊重史实的严谨习惯。我只好说，让他找一个更合适的人来写。我想，这是最好的推辞。

　　坚卓先生很执着，经常和我通电话。2016 年清明节期间他到旌德，又和我说起这事，说我的一位朋友推荐我写。我感到有些为难，商量了一个折中的方案：重新编辑《励志筑光明》，公开出版。答应写点文字，至于写传记恐怕难以胜任。

这个方案，实际上就成了我和坚卓先生的一个口头约定，也成了我的一桩心事。事已至此，我得考虑，如何向坚卓先生交差。

坚卓先生时不时会给我来个电话，我说待我写完手头一本旅游书稿后开始编辑，估计要到八九月份。坚卓先生四五月份就将他手头的资料，或邮件或快件寄给了我。对着那一堆材料，我想无论如何不能失信。

盛夏季节，我就开始着手编辑《光明梦——旌德现代工业创始人许普澍纪事》，在电脑上逐字逐句重编旧稿。在录入、阅校文字的过程中，我对许普澍重要的人生经历有了更深的了解，找到了他好学、创业、仁爱的许多细节，看到了他的优秀品质已在子孙的血脉中延续。我想复写一下许普澍的创业经历，追述一下许普澍的抗日救亡活动，记录一下许普澍爱岗敬业的精神，勾勒许普澍一副真实可信、可亲可敬的形象。相对于许普澍一生而言，我选择他人生的四个重要时间节点：启蒙、创业、抗日、建国，通过历史片断，小心翼翼地描绘许普澍的实业梦、救亡梦、光明梦，力求言之成理，叙事持之有据。这些工作，完全建立在"许普澍文存"和"纪念许普澍"的文章基础之上，没有这些文字也就没有《光明梦——旌德现代工业创始人许普澍纪事》这篇文章，我只是在"掠人之美"罢了。

参与谋划"许普澍诞辰100周年纪念活动"和编辑《光明梦——旌德现代工业创始人许普澍纪事》，或许都是一种缘分吧。

我和许普澍先生都出生在歙县西乡，可以说是相邻而居吧。他创业的旌德县又是我工作了大半辈子的地方。通过了解这位乡贤，让我了解了一段旌德历史，了解了一个平凡人不平凡的人生，从而丰富了自己。从这一点上说，我要感谢许普澍先生。

感谢许普澍先生的亲属和朋友，是你们用真诚和爱心共同完成了这本书。让我们一起告慰许普澍先生。

编　者

2017 年 3 月